缪斯
MUSE
文库

博物馆学认知与传播
论 丛

编织意义之网

博物馆物的语境化阐释

WEAVING THE WEB
OF MEANING

Contextual Interpretation of
Museum Objects

毛若寒　著

ZHEJIANG UNIVERSITY PRESS
浙江大学出版社
·杭州·

总　序

　　现代博物馆源自两个古老的传统，一个是以缪斯的名义出现的对知识和哲学的冥思，一个是以收藏柜为表征的对器物的收藏。这两个传统在很长时间内并没有交集，直到16世纪中叶基格伯格（Samuel Quiccheberg）做出最初的尝试。在基格伯格的时代，在一种以剧场形式出现的讲演记忆训练中，物品作为帮助提示讲演人记忆的手段出场，物与思想发生了接触。从那以后，两者的结合一直是博物馆史的重要内容。经过几代人的努力，它们逐渐走向融合，并向着两位一体的方向发展。然而，只有当人们的观念突破了收藏物精美的外壳，将关注转向物质深处的精神内涵，并试图以知识和信息的形式将其提炼与揭示出来时，物与思想结缘的通路才被真正打开。从此，物品作为欣赏对象与作为启发思想、帮助理解的知识载体的双重身份出现了有机的结合。

　　这既是博物馆历史演变的趋势，也是博物馆现实发展的理想。依着这样的愿景，当观众进入一座优秀的博物馆，他不仅能感受到人类制造物的艺术魅力，满足欣赏与崇拜的愿望，也应该能在阐释的帮助下深入理解物品内部的知识、思想与情感的内涵，在智性方面有所收益。然而，在现实中，两者的结合还有待进一步的努力，尤其在中国，如何在欣赏物品的基础上强化展览的信息传播能力，提高观众的参观收益，是今后一个时期特别需要关注的方面。这就是本丛书产生的背景和目的。

　　在全球范围学习型社会建设的浪潮中，非正式学习的需求被极大地放大，博物馆作为一个高度组织化与制度化的非正式教育机构，如何满足这一需求，是一个必须应对的挑战。当公众带着更多学习与理解的诉求进入博物馆，他们会发现，在这一机构中学习与认知的过程是非常独特的，与他们日常的学习经验大相径庭：作为知识传播者的策展人并不像老师那样站在他们的面前，而是隐身幕后；作为信息传播载体的不是符号，而是物品；更大的差异是，如果说教室是为学习者提供的一个栖身空间的话，那博物馆展厅本身就如同教科书，成为学习的对象与内容。观众在书中穿梭，在行走与站立的交替运动中，对空间中呈现的物品进行观察、阅读和体验。在这个过程中，许多在日常学习行为中不曾遇到过的因素开始影响他们的学习，比如方向、位置、体量、光、色彩等。如果方向不对，叙事的顺序就乱了；如果位置不对，物品之间的逻辑关系就错了；如果光出现了问题，观众不仅觉得眼睛不舒服，而且也会对展览的重点出现误解。这种学习者所面临的"环境语境"是其他学习行为所没有的。

这一切都表明，尽管我们可以利用一般的教育学、认知学、心理学和传播学理论来帮助我们，但博物馆学习的独特性质仍然要求我们进行专门的、针对性的研究，并将其作为博物馆学研究的中心内容之一。没有对博物馆学习与认知过程独特性的研究与理解，我们的传播方法与策略就缺乏明确的标的，缺乏必要的有效性。所以，在这种情况下，首先要展开对博物馆学习与认知特点的研究，探明这一媒体与其他媒体在传播过程中的区别，为制定正确有效的传播策略提供依据。正因为如此，我们把博物馆学习与认知及其和传播的关系作为重要的学术内容展开研究，并期待有更多的学者关注这一问题。

传播效益取决于多方面的因素，这些因素贯穿在整个展览的建设与运营中。比如：如何通过前置评估了解公众的需求与愿望，并将他们的想法融入展览策划；如何在建构展览的结构和框架时将主题叙述的思想及逻辑要求，与博物馆学习的特点及公众的习惯、爱好相结合；如何规划与经营展览设计的空间，让观众觉得整个展览清晰流畅、层次分明、重点突出，并通过形成性评估来保证其落实；如何针对基本陈列展开适当的拓展式教育和相关的配套活动，使展览主题内容得以深化与拓展；如何通过总结性评估收集观众的意见与建议，进一步做好展览的调整与改善，以为下次展览提供借鉴；等等。所有这些，都直接影响到博物馆的传播效益，进而影响其社会效益的实现。

本丛书分为"译丛"与"论丛"。鉴于一些国家已经在博物馆学认知与传播方面积累了相对成熟的经验，为我们的探索提供了很好的借鉴，为此，"译丛"从理论与实践两个方面反映了当代西方博物馆学界的新观念、新理论与新实践。"论丛"则是国内学者在探索过程中的心得，尤其令人欣慰的是，作者大多是年轻人，其中有一些已经参与了大量的展览实践。衷心希望这套丛书能够为实践中的工作团队提供有益的启发，为中国博物馆事业发展的洪流增添美丽的浪花。

严建强

2018 年 3 月 30 日

前　言

　　无论是博物馆库房中的藏品，还是博物馆展厅内的实物展品，这些博物馆的工作对象，一开始往往都不属于博物馆的世界，而是来自特定的现实时空，产生于特定的"语境"（context）下。"语境"原意为"上下文"，就像一个词语只有在特定的上下文中才能被赋予特定含义，物也嵌合在互相交叠的物、人、自然与社会等多重关系构成的"语境"之中。这些语境是围绕物产生的关联意义网络，涉及物的制造、使用、交换、储备等各种状态①，它们影响着物怎么生成意义，也影响着物的意义如何被理解②。在日常语境中积累起丰富信息的物件往往具有超越物质功能的精神内涵，驱动人们将其从现实时空中抽离出来，置入博物馆加以保护和利用。这一过程被捷克博物馆学家斯贝尼克·斯坦斯基（Zbyněk Stránsky）称为"博物馆化"（musealization）。通过博物馆化，"物"也转变为了"博物馆物"，成为人类记录特定现实的信息载体③。进入博物馆传播场域，只有在特定的展示语境下，策展人才有可能传达出博物馆物的特定含义；也只有在特定的观看语境下，观众才有可能理解博物馆物的具体意义。

　　博物馆的收藏动作致使物与原始语境相分离，这便带来一个不可避免的后果——"去语境化"（de-contextualization）。紧接着，进入展览场域后，在博物馆策展人的观念与态度作用下，围绕博物馆物的关联网络会发生新的构建，发生"再语境化"（re-contextualization）的现象。事实上，"去语境化"与"再

---

　　①　Mason R. Cultural Theory and Museum Studies. A Companion to Museum Studies［M］. Oxford：Blackwell Publishing，2006：20-21.

　　②　Maroevic I. Introduction to Museology：The European Approach［M］. Munich：Verlag Dr. Christian Müller-Straten，1998：184.

　　③　Stransky Z Z. Museology as a Science (a thesis)［J］. Museologia，1980(15)：33-40.

语境化"构成了博物馆工作的基本程序和内在逻辑。这一过程看似只是物理时空的转换,但实质却是一个综合了价值、功能与观念的时空切换,是一个充满"魔力"的过程,蕴含着培育与激发博物馆力量的无限可能。博物馆为什么需要重视"语境"观念与"语境化"现象? 如何认识这一现象背后的逻辑与规律? 如何在阐释与传播中构建运用这些规律的理论与方法?

本书的写作立意源于对上述问题的关注与反思。在书中,笔者试图揭示,"语境"是围绕博物馆物构建的动态的、关联的"意义之网",它是决定博物馆藏品意义生产的知识框架,也是影响观众意义建构的空间场域。回顾历史,"语境"及"语境化"的观念与实践肇始于 19 世纪末欧美地区的公共博物馆。在表征与建构民族与地方认同的外在社会环境驱动下,一部分博物馆开始将收藏物编织入关联地域与行动人群的情景网络之中,让脱离语境的沉默之物获得具有特殊意义指向的展示场域。从此,以关联化、网络化的视野认识收藏物,建构陈列体系的理念在博物馆世界逐渐兴起。然而,时至今日,有关"语境"或"语境化"的探讨大多隐附于具体的实务操作环节,或是停留于比较泛化的理念思辨。博物馆物的"语境"是如何构成的?"语境"如何影响物的意义构建与观众的体验塑造? 有利于挖掘与活化文化遗产价值的"语境化阐释"路径与方法是怎样的? 有关这些问题的探讨尚不够深入,还未形成基于语境视野的兼具系统性、理论性与实践性的理论与方法体系。

鉴于此,本书试图从博物馆物的语境的本体论、方法学与实践操作三个层面,构建系统开展博物馆物"语境化阐释"的理论与实践体系。在本体论层面,厘清关联物、关联人群、特定时空等博物馆物的语境的核心要素,从尺度(宏观语境和微观语境)与维度(多个社会生活领域)界定博物馆物的语境的基本结构。在方法学层面,探讨语境影响物的意义构建与观众体验的原理机制,构建以物的原生语境为阐释视野,以物的关联网络为阐释立场,以全面、系统、动态揭示展品的多维度内涵,促进观众与展品深层沟通为阐释使命的展示传播方法体系。在实践操作层面,以可视化博物馆展品的语境尺度与维度为目标,在收藏、研究、策展、传播等实践环节总结出一系列保存、探索、编织物的语境关系网的策略、工具与建议。

通过深刻理解博物馆"物"的语境构成,掌握系统梳理、创意提炼与多元编辑"物"的意义之网的"语境化阐释"理论路径与实践方法,不仅能从更具理论深度的方向回应"去语境化"与"再语境化"这一博物馆学经典议题,为该议题的当代阐释提出更契合时代特征的见解,还有望从实践层面进一步促进当代博物馆的专业能力建设,提升博物馆藏品研究的系统性与人文性,强化展陈传播的原创性与独特性,深化文化遗产保护传承的可及性与认同感,为当代中国文博人讲好文化遗产的故事,促进"文物活起来"提供一些新视角和新参考。

　　囿于个人学识与能力等问题,本书在研究高度、深度、广度的把握和理解上还存在应提升之处,敬请诸位方家不吝斧正。

毛若寒

目　录

第一章　关联网络中的博物馆物

一、博物馆还是陵墓？

希腊雕塑是为神殿雕刻的，波斯地毯是为清真寺的仪式编织的，文艺复兴时期的宗教绘画则是为祭坛而作。诸如此类的东西都是当时生活方式的一部分。没有人在毫不了解希腊宗教、伊斯兰文化或者基督教的条件下能够完全理解这一切。这样的艺术品在脱离了其创造时相关联的生活方式后就失去了功能。①

——大卫·卡里尔（David Carrier）

上面这段话来自大卫·卡里尔（David Carrier）的著作《博物馆怀疑论：公共美术馆中的艺术展览史》。卡里尔在书中列举了很多"博物馆怀疑论"的观点，这种由博物馆收藏行为导致物品与其原有语境剥离的现象颇受学界关注。无论是希腊雕塑、波斯地毯还是宗教绘画，它们原本都是在一定的宗教语境中发挥特定的社会功能，有自己的"生态"环境，自己的"在场"姿态和"句法"关联，可是当它们从原有语境中切断，挪到博物馆的收藏体系后，便成为一种单纯的凝视对象，其原有的功能便丢失了，成为"遗世独立的存在，恋物化的膜拜对象，以及自身言说的东西"②。对于"去语境化"现象引发的问题，西奥多·阿多诺（Theodor Adorno）曾提出一个形象的比喻。他认为博物馆（museum）是艺术品的"陵墓"（mausoleum），供奉着僵死之物——脱离了生命环境和源头的木乃伊。

---

① ［美］大卫·卡里尔.博物馆怀疑论：公共美术馆中的艺术展览史［M］.丁宁，译.南京：江苏美术出版社，2009：72.

② 吴琼.博物馆中的词与物［J］.文艺研究，2013（10）：99-111.

在德语中,museal(即"博物馆似的")有着一种令人不快的意味。它描述的是这样一种物品:观察者与物品之间再无生动联系,并且物品正步入死亡。它们之所以得以保存,更多是出于对其历史的尊重,而不仅仅为现时的需要。博物馆(museum)和陵墓(mausoleum)的关联远甚于音形上的相似。事实上,博物馆就是艺术作品的家墓。①

或许上述博物馆怀疑论者对于"去语境化"的言辞过于激进,毕竟,博物馆只有通过剥离物与原生环境的联系,才能保护物品免遭自然或人为损坏,才能奠定后续研究、阐释和利用的根本基础。然而,不得不承认,当原生语境离场,的确很容易导致物会失去意义解释的重要依靠,导致原始意义的"扭曲"与"变形"。"去语境化"的过程本质上包含着"去框架化""去功能化"与"去时间化"等一系列连锁反应——物从日常范畴或自然状态中彻底分离了出来,被调度到一个人工建构的收藏体系之下,不仅脱离了使用与理解的"认知框架",暂停了其线性延展的"自然时间",也彻底消除了物的"使用功能"与"表意功能"。这导致原本在某个语境下对于某些人群而言十分熟悉的事物,在博物馆中却变得异常陌生、神秘与静态。这在博物馆日常工作中十分常见。比如博物馆常常会面对一些尚不清楚其来源背景的藏品,即便可以精准地测定出它们是一千年前的古代遗物,但由于其与原生语境的离散,它们的使用信息和表意信息等只会被遮蔽在历史的深处。在不了解其语境的情况下,这些一千年前的古物无论对专业人员还是普通观众而言,都是陌生与沉默的。

当博物馆开展收藏工作时如果不重视"去语境化"的客观事实,对语境信息记录不及时,研究不深入,就会给后续的文化遗产传承利用带来较大的阻碍。一方面,如果不清楚藏品的历史背景和藏迁经过,策展人和教育者就难以将其纳入展览知识体系和教育课程体系中,这就可能导致大量藏品沉睡于库房,藏品的意义潜力将难以得到充分开发,藏品利用率也将难以提升;另一方面,在语境信息掌握有限的情况下,即便藏品能被选入展览,仍有极

---

① [英]迈克·罗兰. 器物之用——物质性的人类学探究[J]. 汤芸,张力生,译. 民族学刊,2015(5):9.

大可能睡在展柜中。这是因为，当策展人对其在特定人群、特定时空、特定
地域中的功能和价值等信息不甚了解时，也将很难为其提供针对性的、生动
直观的展示支持，导致其吸引力有限，难以俘获观众的注意力，限制了传播
效果。

二、艺术品还是生活品？

1988 年，纽约市非洲艺术中心举办了一场名为"艺术/人工制品：人类学收
藏中的非洲艺术"（ART/artefact：African Art in Anthropology Collections）的展
览。策展人苏珊·沃格尔（Susan Vogel）试图证明，一件展品是否被视作"艺
术品"，并不取决于物的本质，而是由展示形式决定的。为此，她将来自非洲
的日常物件和手工艺品，分别放置在四个采用不同组织策略的展区内：第一
展区以艺术画廊的方式，展出纺织物、狩猎网等生活物品，揭示日常之物蕴含
的美学属性（见图 1-1）；第二展区重建了一间"珍奇室"，混合陈列着人工制品
与动物标本，暗示并置之物有同等的价值，日常物件未如艺术品那样被小心
对待；第三展区采取自然历史博物馆中透视场景的方式，再现了一根纪念柱
（memorial posts）的安装情景，由于揭示出其使用功能，物件不被视作艺术品

图 1-1　"艺术画廊"展区

来源：非洲艺术中心（the Africa Center）官网

（见图 1-2）；最后一个展区，则将物品置于独立而精美的玻璃展柜中，在聚光灯下散发出神圣的艺术光环①。

图 1-2　立体透视场景展区
来源：非洲艺术中心（the Africa Center）官网

　　这场颇具实验性质的展览，不仅回答了"何为艺术"的问题，也形象地诠释出展览场域中"再语境化"的选择对物的意义表达与观众认知理解的深刻影响。在这个案例中，同样的非洲原住民日常物件，当其以艺术画廊的组织方式呈现时，观众很难自行理解它们在生活中的功能；而以场景再现的组织方式展现时，便能清晰地传达出其功能信息。这说明，由于展示意图是多种多样的，而展览场域中物与物的组合又是高度灵活的，一件博物馆物究竟被放在展览的什么位置，在什么知识体系和文化视角下呈现，以怎样的方式与其他展示材料组合，以怎样的角度被解读的可能性也是多样的。这就意味着博物馆物进入展览语境，被"再语境化"的设置方式具有多种可能，它最终在展览中呈现出什么面向的内涵，被观众理解为什么性质的对象等，有着巨大的弹性空间。

---

　　①　Jasper A. No Drums or Spears[J]. Res Anthropology & Aesthetics，2017(67-68)：299-315.

"再语境化"恰好构成了"去语境化"的逻辑镜像。"再语境化"带给物的是意义的复构,以及"再框架化""再功能化"和"再时间化"的无限可能。在制造、使用、交换、收藏等各种语境中,一件物品得以积累多种多样的意义内涵。当物被置入展览的特定历史脉络、知识体系与文化视角中,会发生几个层面的变化。首先,在概念层面,这件物便进入一个相对明确的时空框架中,其意义内涵得以锚定在某个特定的层面。其次,在传播层面,展览为这件物搭建出一个固定的、可近距离欣赏与观察的展示空间,倘若结合新媒体交互技术,观众还有可能在更加形象的情景中再次理解这件物品的功能与象征等信息。由此可见,"语境"之于博物馆物,某种程度上扮演着"元语言"的角色。不同的语境设置,就像是提供了认识和解释博物馆物基本概念和逻辑规则的途径。通过重新编织语境,策展人得以使一件展品在不同的视角下呈现出不同的信息特征,进而蕴含着文化空间再生产、可参观性再提升与情感体验再塑造等多重可能。

可以说,展览中的"再语境化"的理念与方式,直接决定了观众愿不愿意与藏品开展沟通,从什么角度去认识藏品,以及最终建构出怎样的参观体验。然而,当前许多博物馆工作团队似乎并不太重视去联系物原先的语境,或者虽然意识到需要联系,但是不知道如何通过研究去探索物的语境,以及不了解如何开展"再语境化"会更高效、充分、全面地揭示物的多重内涵。

在物的语境得不到充分表达的情况下,其价值传播就会缺乏焦点和重点,缺乏深层挖掘和阐发,导致叙事思路单调、价值揭示单一、精神感召单薄、传播效能难以充分释放等问题。在这种情况下,"再语境化"往往只是为展品设置了新的展示环境,但在某种程度上"物"仍处于"去语境化"的状态,物的静态和失语并未得到多少实质性的改善。观众或许能获得良好的审美体验,却很难从这些新"语境"中了解物所蕴含的更深层次的社会关系和人文情怀。这样的展览也难以满足日益多元化、精细化的人民精神文化需求。

除了依托遗址进行在址阐释的某些遗址类博物馆,以及强调保护、保存、展示自然和文化遗产的真实性、完整性和原生性与人与遗产活态关系的"生态博物馆"之外,可以说绝大多数涉及收藏和展示行为的博物馆,都潜藏着"去语境化"和"再语境化"的基本逻辑。它们的存在,是博物馆实现对物的收藏和利用的根本前提。从另一个角度看，也是博物馆激活藏品价值潜力的"魔力工具"。

三、语境与博物馆

在深入探讨"语境"与博物馆阐释传播工作应如何有机结合之前，我们有必要回顾一下关于"语境"的学术发展语境，为语境化阐释搭建坚实的学术框架。虽然在博物馆界大规模讨论"语境"概念之前，博物馆界已经在实务工作中出现了语境观念的萌芽，但是有关博物馆物的语境的反思，与"语境"从语言学扩张到其他学科的过程密切相关。其中，历史学、心理学、考古学、民俗学等跨学科"语境研究"，人类学物质文化研究的"物的生命传记"理论，传播学的"媒介情景理论"以及教育学的"情境学习理论"等跨学科理论为本书中关于博物馆物的语境及语境化的相关认识提供了重要启发。

（一）从"上下文"到"关联网络"

从词源学考察，"context"一词源于拉丁语"contexere"，由表示"联合、共同"的前缀"con"与表示"纺织"的词根"texere"连缀而成，含有"编织在一起""合到一起"的意思。后来，"texere"由"纺织"动作，逐渐衍生出"纺织体""文章"的语义。相应的"contexere"的名词形式"contextus"也逐渐获得"连接""上下文"与"背景"之类的含义[①]。"语境"术语首次出现在德国语言学家弗雷格（Gottlob Frege）出版于 1884 年的《算术的基础》中。弗雷格认为，人们并不是从单个语词得到意义然后拼凑出句子的含义，而是必须在一个完整句子的框架内才能判断语词的逻辑与意义。因此要探讨具体语词的意义，就必须遵循"语境原则"（Context Principle），"只有在词句所在的语境中，比如句段、篇章的上下文，而不是孤立的词本身，才能找到其解释意义"[②]。

在语境作为"言语内部上下文"的含义使用了 30 多年后，一位叫布洛尼斯

---

① 孔新峰."语境"中的"语境主义"：昆廷·斯金纳政治思想史研究发微[J]. 政治思想史，2010（1）：37-38.

② Frege G. The Foundations of Arithmetic[M]. Illinois：Northwestern University Press，1980：71.

拉夫·马林诺夫斯基（Bronisław Malinowski）的人类学家的出现，彻底改变了它的发展轨迹。在 20 世纪 20—30 年代对新几内亚原始部落的民间传说和巫术用语的人类学调查中，马林诺夫斯基深切地认识到语言深植于部落的生活习俗、文化背景与生活情景之中，其含义不仅和语言系统的内部因素有关，也和具体使用环境密不可分。只有充分结合讲述者的"脸部表情、姿势、身体活动，所有参与交谈的人和他们所处的情景环境"①，也就是"微观语境"（context of situation），以及"跟语词相关的物质设备、活动、兴趣、道德或美学价值等文化因素"②，即"文化语境"（context of culture）两个层面的语境，才能相对确切地把握土著词语的含义。这些关于语境的新思考被他写入 1923 年的《原始人语言中的意义问题》一文，以及 1935 年的《珊瑚园及其巫术》一书中。虽然马林诺夫斯基对语境的思考依然围绕言语活动的语义展开，但却是第一次在人类学的视野下，将语境的含义从"言内语境"拓展到包含语言、情景、社会文化等复杂因素的"言外语境"，开启了语境向其他学科渗透的先河。"微观语境"和"文化语境"的不同尺度的区分，也奠定了今天讨论语境内部结构的基础。

伴随着 20 世纪后半叶语言学转向的热潮，语境终于突破语言学的疆界，拓展到哲学、历史学、文学、心理学、考古学、民俗学、博物馆学等人文与社会科学的多个领域。

在跨学科的语境理论研究中，不同学者对语境有着不同的定义。本-艾米·沙夫斯泰因（Ben-Ami Scharfstein）认为，简单来说，语境是一种"围绕着感兴趣的对象，并依靠相关事物来帮助人们解释对象的意义的框架"③。查尔斯·古德温（Charles Goodwin）指出语境包含了两个核心概念，分别是"焦点事件"（focal event）以及包含事件的"行动场域"（field of action）。焦点事件是指在言语、阅读等信息沟通过程中需要被聚焦解释的对象，而行动场域就是围绕这些对象所产生的解释框架。语境以行动场域的方式，制约具体的沟通方式

① Malinowski B. The Problems of Meanings in Primitive Language［M］//The Meaning of Meaning. Ogden C K，Richards A（eds.），New York：Harcourt，Brace and World，1923：306.
② Malinowski B. Coral Gardens and Their Magic［M］. Vol. 2. London：Routledge，1935：25.
③ Scharfstein B. The Dilemma of Context［M］. New York：New York University Press，1989：3-4.

及限定对象的意义生成，同时也为对象意义解释提供必要支持①。从这些定义可以看出，在讨论语境时必须涉及"语境""对象"与"意义"这三个相互依存的基本概念②。虽然关于对象和意义的表述和内涵还存在不同理解，但是学者们广泛认可语境的基本功能是制约对象如何获得意义，以及决定对象的意义如何被解释和理解。

也有学者从语境与对象的依存关系，语境的本质形态与基本要素的角度去理解语境。其中罗伊·迪利（Roy Dilley）在《语境的问题》一书中对语境的界定，可能是语境研究中最被广泛引用的论述："语境是由不同解释要素构成的，依托于所要理解的文本或现象的关联环境（associate surrounding）"。只有通过"选择一部分关联环境要素，同时断离另外的关联环境要素，最终建构依托于对象的关联性网络（relational network）之后，对象的意义才能得到有效解释"③。这种将语境视作"关联环境"或"关联性网络"的认识，实质上是对"context"词义中"编织在一起"与"编织体"的隐喻的延续。不过对于语境中具体包含哪些要素，学者们并没有形成统一的认识，而是基于不同学科的研究对象提出了各式各样的理解。比如在语用学领域，耶夫·维索尔伦（Jef Verschueren）指出语境的成分包含了"发话者、释话者、言语过程的物理世界、言语主体的心智世界"等④。在文学理论领域，萨拉·米尔斯（Sarah Miles）则归纳出文学作品的语境具有"社会历史背景、作者、文本、读者"四大基础要素⑤。博物馆物的意义也是在各种关联性的语境要素中得到制约和解释的，至于具体有哪些语境要素，与其他语境之间的区别在哪，将在第三章中进一步阐述。

历史学以及心理学领域的语境理论，给博物馆物的语境意义的解读及传播机制的论述带来了很好的启发。

历史哲学家海登·怀特（Hayden White）在《元史学：十九世纪欧洲的历史想象》一书中，在历史叙述中常用的形式论、有机论与机械论三类解释范式

①　Duranti A, Goodwin C. Rethinking Context：Language as an Interactive Phenomenon[M]. Cambridge：Cambridge University Press，1992：3.
②　江怡. 语境与意义[J]. 科学技术哲学研究，2011，28(2)：8-14.
③　Dilley R. The Problem of Context[M]. New York：Berghahn Books，1999：2-3.
④　[比]耶夫·维索尔伦. 语用学诠释[M]. 钱冠连，霍永寿，译. 北京：清华大学出版社，2003：127.
⑤　吴昊. 20世纪西方文论中的语境思维变革[J]. 湖北社会科学，2017(10)：114.

当中新添了"语境论"。怀特指出,语境论是一种把事件放在发生的具体条件下来解释历史现象,揭示事件发生的缘由、过程,以及与其他事件之间的特殊关系的解释范式。这种范式较大程度避免了形式论容易产生的极端分散的倾向,也有助于消解有机论和机械论过分追求整合与普遍因果律而导致的过于抽象的弊病①。昆廷·斯金纳(Quentin Skinner)则在思想史领域为如何运用语境思维给出了示范。他指出研究者需要在思想主体及观念所处的社会、文化、思想、政治、语言等多个语境维度(dimensions of context)交织而成的整体关系网络中定位和勾连,并探寻个体与个体、个体与整体之间的关联性②。由于博物馆物往往是历史遗留物,历史学领域对于历史文本的多重语境维度以及关系网络的理论框架,高度适用于博物馆物的语境化阐释工作。

　　语境帮助人们理解对象的特定意义,在此过程中,必然会涉及认知者心理层面的活动。J. J. 冈佩兹(J. J. Gumperz)与库克-冈佩兹(Cook-Gumperz)在《语境化与理解》一文中,以"语境化"(contextualization)的概念来描述认知主体利用各种语境信息得出自我认可的恰当意义的过程。这些有益于促进双方沟通的语境信息,被他们称为语境化提示(contextualization cue)③。丹·斯珀伯(Dan Sperber)与迪尔德·威尔逊(Deirdre Wilson)在《相关性:传播与认知》一书中提出的"相关性理论"(Relevance Theory)是对前者的进一步深化。斯珀伯也采用"语境化提示"来表达语境意义的接受与理解过程,但是特别强调"语境效果"(contextual effect)与信息的相关程度。沟通中生成的新信息与受话者旧有背景信息的相关程度越高,语境效果也就越好,信息处理的难度就越小④。心理学的语境理论启发本书在博物馆展览的语境化设置中,应充分调动各种展示手段进行语境化提示,并在语境意义的传达中重视与观众背景知识的相关性建设。

---

　　①　[美]海登·怀特. 元史学:十九世纪欧洲的历史想象[M]. 陈新,译. 南京:译林出版社,2009:13-20.

　　②　Skinner Q. Meaning and Understanding in the History of Ideas[J]. History and theory,1969,8(1):3-53.

　　③　Gumperz J J. Contextualization and Understanding[M]//Rethinking Context:Language as an Interactive Phenomenon. Cambridge:Cambridge University Press,1992:229-252.

　　④　Goodwin C, Duranti A. Rethinking Context: An introduction [M]//Rethinking Context: Language as an Interactive Phenomenon. Cambridge:Cambridge University Press,1992:142.

　　"语境"研究还拓展到了考古学、民俗学等与博物馆物的内涵高度相关的学科领域。在 20 世纪六七十年代,路易斯·宾福德(Louis Binford)与迈克尔·希弗(Michael Schiffer)对考古材料的 context 做出了初步界定。宾福德强调考古学应该"更人类学、更科学",考古学家应该通过考古材料研究古人行为、社会与文化系统的变迁,而不是沉醉于对考古遗物的类型学编年与描述。要实现这一目标,最关键的就是保留好遗物发现时的 context,并深入解读遗存间的共存关系,这样才能将考古材料同文化系统的各部分之间建立联系,进而为深入研究古代社会与文化系统的变化奠定基础①。希弗区分出两种类型的"语境",分别是"系统语境"(systemic context)和"考古学语境"(archaeological context),前者可理解为考古材料背后的动态人类行为过程,后者可理解为物品废弃后在埋藏环境作用下所形成的考古材料关联背景②。20 世纪 80 年代末,伊恩·霍德(Ian Hodder)创建了"情境主义考古学"(contextual archaeology)的理论流派,强调要看到埋藏语境的多变性与特定性,从而更有效地揭示考古遗物背后的思维、符号及行为的特殊性与偶然性意义。在《阅读过去:当代考古学阐释的方法》一书中,霍德把考古材料的语境界定为"围绕着任何遗存的相关尺度的总和",把考古材料的意义解释建立在"丰富的相关尺度交织而成的意义网络之中"③。科林·伦福儒(Collin Reinfrew)将是否关注语境、具有语境理念,作为区分古物学和现代考古学的分水岭。他在《考古学:理论、方法与实践》一书中指出"为重建一个遗址中过去人类的活动,最关键的要点是要了解某项发现的相关背景(context),包括其周围的基质(matrix,即包裹的物质,通常为某种沉积物,如砾石、沙或黏土)、它的出处(provenience,即在基质中垂直于水平的位置),还有它与其他发现物的共生关系(association,通常为在同一基质中与其他考古遗物共存)"④。不断丰富的考古学"语境"内涵,为博物馆物的语境特征的分析,以及涉及考古文化的语境化阐释提供了很好的启发。

　　①　Binford L R. Archaeology as Anthropology[J]. American Antiquity,1962,28(2):217-225.

　　②　Schiffer M B. Archaeological Context and Systematic Context[J]. American Antiquity,1972,37(2):156-165.

　　③　[英]伊恩·霍德.阅读过去:当代考古学阐释的方法[M].徐坚,译.长沙:岳麓书社,2005:160-161.

　　④　[英]科林·伦福儒,保罗·巴恩.考古学:理论、方法与实践(第六版)[M].中国社会科学院考古研究所,译.上海:上海古籍出版社,2015:32.

20 世纪 70 年代起,北美民俗学界也开始在民俗学分析中联系语境思维。理查德·鲍曼(Richard Bauman)、丹·本-奥莫斯(Dan Ben-Amos)等人尖锐地批评当时民俗学界以脱离原生环境的"民俗活动文本记录和搜集"为核心的研究方法,认为这样会导致口头文学、民间表演失去活力。他们呼吁民俗学需要将焦点从把民俗活动作为事象/事物,转移到作为"正在进行中的事件",在多维度的语境关系网(contextual network)中考察民俗活动的意义①。学者们对民俗现象的语境展开了深入的结构剖析。比如理查德·鲍曼(Richard Bauman)在《语境中的民俗学实地研究》一文中为民俗现象的语境区分出"意义语境""体制性语境""交流体系语境""社会基础""个人语境"与"场合语境"等 6 种维度②。90 年代开始,国内民俗学界也积极呼吁"在语境中考察民俗"。在《从"民俗"到"语境中的民俗"——中国民俗学研究的范式转换》一文中,刘晓春分析了语境问题的由来与研究语境的必要性,并分析了"时间""空间""传承人""受众""表演情境""社会结构""文化传统"等民俗事象的语境构成维度的内涵③。民俗学的语境研究对于本书的价值,不仅体现为对非物质文化遗产语境认识的帮助上,也给博物馆物的语境结构的分析,以及民俗现象的展览构思等提供了理论支持。

随着"context"的跨学科传播和讨论,其对应的中文译语也多种多样。除了"语境"之外,在博物馆领域中常见的还有"背景""情境""情景"与"脉络"等。本书之所以选择"语境",主要基于两方面的考量:首先,在目前关于"context"的跨学科研究中,"语境"是最被各个学科接受的术语,也相应地具有比较厚实的理论基础;其次,"语境"对"context"的含义体现得更为全面,而其他中文译法往往只体现了"context"的部分含义。比如,"背景"是指对事态发展变化起重要作用的客观情况,常用搭配有"时代背景"与"政治背景"等。这一译法更强调"context"作为宏观的社会环境的一面,而不容易表达出微观的具体情形的含义。"情境"与"情景"含义近似,都可以指一定时间内各种情

<hr/>

① Bauman R. Contextualization, Tradition, and the Dialogue of Genres: Icelandic Legends of the Kraftaskald[M]//Rethinking Context: Language as an Interactive Phenomenon. Cambridge: Cambridge University Press. 1992:125-145.

② Bauman R. The Field Study of Folklore in Context[M]//Handbook of American Folklore. Dorson R(ed.), Bloomington: Indiana University Press, 1983:362-367.

③ 刘晓春. 从"民俗"到"语境中的民俗"——中国民俗学研究的范式转换[J]. 民俗研究, 2009(2):5-35.

况的具体情形与景象。"情景",指以景为基础,以景为媒介来激起情感或激发兴趣①。"情境"(situation)主要是指一个人在进行某种行动时所处的特殊背景,包括机体本身和外界环境因素。当我们描述一件物品处于生产、制作与使用等具体情形下时,以"情境"或"情景"来表达物品所处的"context"并没有什么问题,不过在描绘与物品相关的宏观历史运动的时候就不太合适了。不过,虽然这些中文译法存在不同程度的表意上的缺陷,但考虑到这些术语在语境研究的中文文献中具有不小的影响,因此在正式行文中仍会酌情使用恰当的词汇,作为"语境"的同义词替换。最后,需要强调的是,"脉络"的译法常见于中国台湾地区的博物馆学文献。然而从常见搭配比如"历史脉络"与"学术脉络"等字面意思看,"脉络"实际上更强调纵向历史的传承关系,这与作为"关联性意义网络"的语境的纵横交织的网状形态是相悖的②,因此在本书中不采用这个译法。

(二)物的"再语境化"

通过"去语境化"与"再语境化"的概念以及不同语境类型的划分,来审视藏品意义属性和信息内涵的转变,很大程度上受到了人类学物质文化研究中物的"过程"观,关注物的运动"轨迹"和"再语境化"观点的启发。1986 年由阿尔君·阿帕杜莱(Arjun Appadurai)主编的论文集《物的社会生命:文化视野中的商品》是这一语境观念的开山之作。在《导论:商品以及价值中的政治》中,阿帕杜莱指出,商品与人一样具有社会生命,在不同的生命史阶段扮演不同的角色。生产、交换/分配与消费,构成了物的生命史的不同语境阶段,商品在不同语境中会显现出不同的意义属性③。

当这种关注商品的生命史变迁与语境化转变的理念进入博物馆领域后,与捷克博物馆学者斯坦斯基在构建科学博物馆学体系过程中所提出的"博物馆化"理论相遇,最终被吸收为博物馆学领域中对物的语境的理解。斯坦斯基将承载着记录现实的价值的收藏与展示对象称为"博物馆物"(museum

---

① 王蕾.博物馆"情景化":理念、影像与未来[J].中国博物馆,2021(3):39-43.
② 徐坚.时惟礼崇:东周之前青铜兵器的物质文化研究[M].上海:上海古籍出版社,2014.
③ Appadurai A. The Social Life of Things:Commodities in Cultural Perspective[M]. Cambridge University Press,1988:17-28.

object)，其"记录与反映的现实的价值"就是"博物馆性"（museality），而博物馆性的获得过程，也就是将某事物从现实时空中抽离后转移到博物馆的过程，被"博物馆化"（musealization）①。由于博物馆化的成立与博物馆性的获取，以物所处关联环境的变迁和转换为根本前提，因此"语境"也成为20世纪90年代之后科学博物馆学中经常出现的术语。科学博物馆学的另一位领军人物彼得·冯·门施（Peter van Mensch）就对博物馆物的语境情有独钟。他将语境视作某种"平台"（planε），它们"为物的一系列关系的出现与运行提供了交汇的场所"②。物的语境一直动态变化，物品进入博物馆之前的生命史归属为"原初语境"（primary context）和"考古语境"（archaeological context），分别代表物的日常流通与使用状态，以及废弃物的临时或永久存放状态。对于"博物馆化"之后的生命史，则以"博物馆语境"（museological context）统一称之。"物的生产与使用等功能"在原初语境中产生与发展，渐渐累积起"记录其周围环境与特定现实的价值"。博物馆化促使物与"原初语境"或"考古语境"彻底分离并进入"博物馆语境"③。伊万·马罗维奇（Ivo Maroevic）出版于1998年的《博物馆学概论：欧洲方法》就集中收录了科学博物馆学的学者们对于博物馆物的语境化现象、语境的阶段划分等的讨论。

　　这样的认识在国内一些博物馆学文献中也得到了体现。郑茜在《意义还原与价值传播：博物馆藏品实现沟通的两个向度》一文中，把藏品的生命历程划分为"器物脉络"和"博物馆脉络"两个语境阶段。当物品进入博物馆后，会在"去脉络化"的作用下进入"价值元点"的状态。博物馆的工作便是从元价值出发，通过藏品研究还原藏品的意义，以及通过展览展示建构藏品的价值④。廖静如的《宗教文物搜藏：神圣与博物馆化》以及林崇熙《博物馆文物演出的时间辩证：一个文化再生产的考察》分别从"去功能性到再功能化"⑤与

---

① Stransky Z Z. Museology as a Science (a thesis)[J]. Museologia,1980(15)：33-40.
② Maroevic I. Introduction to Museology：the European Approach[M]. Munich：Verlag Dr. Christian Müller-Straten,1998：184.
③ Maroevic I. Introduction to Museology：the European Approach[M]. Munich：Verlag Dr. Christian Müller-Straten,1998：186.
④ 郑茜.意义还原与价值传播——博物馆藏品实现沟通的两个向度[J].中国博物馆,2014(3)：24-28.
⑤ 廖静如.宗教文物搜藏——神圣与博物馆化[J].博物馆学季刊,2006,20(2),67-79.

"去时间性到再时间性"的角度,揭示博物馆物在经历"原生脉络"和"展示脉络"的过程中,功能属性、时间属性与角色身份等发生转变的现象①。

除了从"物的生命传记"理论视角去剖析"再语境化"的本质属性之外,也有一些学者尝试去建构"再语境化"过程与途径的理论。对于语境的建构,离不开媒介的视角。约书亚·梅洛维茨(Joshua Meyrowitz)建立了"媒介情境理论",在《空间感的失落》一书中指出"情境"就是信息系统,由人的地点和行为等要素所定义②,并由多种媒介所共同建构。如果说博物馆本身就是一种传播沟通的媒介,那么物的语境构建也必然离不开各种媒介载体。博物馆是以实物秩序体系和辅助视觉体系的共同作用来传达文化观念的机构,其媒介涉及符号性的文字语言,以及视觉性的空间、材质、色彩、实物展品、二维作品、三维造型、互动装置、动态影像等。结合博物馆空间内丰富多彩的媒介载体,有些文献提出了两个方面的"再语境化"建构途径。

第一,结合符号性媒介,构建特定的展览框架。展览框架是指按照平行与递进逻辑关系构建的展览文本结构,常见为展览单元、展览小节与展览小组等。不管什么内容性质的展览,总是会依据一定的分类原则来建构展览框架,在分类的框架中,每一种类型都有独特的内涵,当博物馆物嵌入不同的单元、小节或小组的位置中,就会成为类概念中的个案③,从而给出特定的信息,其具体意义也就得到了限定。例如,克里什布拉特-吉姆布莱特(Barbara Kirshenblatt-Gimblett)提出"在情境中"(in-context)的展示策略,是指将物件放在文化或地理分区、历史分段、材质分类等不同一级主题、二级标题的特定位置中,得到背景、理论的参照后,传达出物背后的展示意图的做法④。严建强在《论博物馆的传播与学习》一文中也有类似的观点。展览中的"语境化解读",就是将"实物展品有机嵌入到特定的故事线,以及由单元、小节、小组构成的分类框架中",当实物处在特定的分类序列下,就得到了语境化解读,相

① 林崇熙.博物馆文物演出的时间辩证——一个文化再生产的考察[J].博物馆学季刊,2005,19(3),7-23.
② [美]约书亚·梅洛维茨.消失的地域:电子媒介对社会行为的影响[M].肖志军,译.北京:清华大学出版社,2002:31-32.
③ 严建强.论博物馆的传播与学习[J].东南文化,2009(6):100-105.
④ Kirshenblatt-Gimblett B. Objects of Ethnography[M]//Karp I, Lavine S eds. Exhibiting Cultures:the Poetics and Politics of Museum Display. Washington:Smithsonian Institution Press,1991:386-443.

关的意义也就呈现出来①。

第二,结合视觉性媒介,构建展品之间的有机联系。展览框架中的位置安排,并不是唯一的语境设置思路。马克·摩尔(Marc Maure)在《作为剧场的展览——关于博物馆物的舞台化》一文中给出了另外一种方向。他认为,对博物馆物的语境的设置,本质上是将其放到局部空间的展品之间、展示要素之间的组合中实现的。摩尔将这个过程比喻为一场戏剧演出。当舞台幕布拉开(展览开放),演员(藏品)便登台亮相,在聚光灯下转变为具体的角色(展品)。舞台场景以及场景内配合演出的不同角色,构成了角色的表演空间。场景和其他角色,正好对应着特定展示空间与关联展品,它们构成的语境也让沉默的博物馆物有机会发声,讲述自然与人类生活的故事。他以一只焊工面具的展示为例阐释了这个观点。当策展人将其放在一盒香烟、一幅流泪的小女孩油画、一个骷髅头、一副眼镜和一对望远镜、一个小十字架与一个小佛像等不同的物品附近。同样一件面具,在不同的语境组合下可以得出截然不同的意义②。朱煜宇的博士论文《博物馆陈列语言之情境构建研究》,也指出建构展品的语境,需要通过"展品与辅助展品的内容和时空上的组合联系"才能实现③,并指出辅助展品包括标签、图表、图形、模型、投影、电影、数字多媒体等媒介形态。

尽管部分研究者认识到了展览中的博物馆物的语境的设置途径,但是却很少探讨具体哪些语境设置方式有助于阐释效果的提升。2016年由欧盟文化计划资助的"欧洲展望——展示欧洲的博物馆"(Eurovision-Museums Exhibiting Europe,简称 EMEE)项目报告或许是为数不多的细化讨论语境设置方式的文献。报告总结出藏品的"再语境化"阐释可从两方面实现:其一是将物品置于和其原始环境相对应的展示布景(setting)中,通过情景再现的方式赋予藏品以新的生命;其二是把物品放在日常状态下观众不甚熟悉的展品群中,借助展板、图表、标签等传达新的意义解释④。这样的细化考虑实际上

---

①　严建强. 论博物馆的传播与学习[J]. 东南文化,2009(6):100-105.

②　Maure M. The Exhibition as Theatre-on the Staging of Museum Objects[J]. Nordisk Museologi,1995(2):155.

③　朱煜宇. 博物馆陈列语言之情境构建研究[D]. 上海:复旦大学,2014:42.

④　EMEE. Toolkit Manuals and Exemplary Cop-Units[EB/OL][2019-09-24]. https://www.museums-exhibiting-europe. de/toolkits-cop-units.

遵循了马克·摩尔的局部空间展品组合的语境设置思路。虽然有了进一步的细化,但仍较为笼统,没有为展览工作团队提供明确的策划、设计与实施的操作指南。

EMEE 项目归纳的第一种再语境化的方式,也就是情景再现的展示手段,可以说是历史最悠久的语境化阐释方式了。19 世纪末兴起的生境群与生活群等"立体透视场景"(diorama)的展示方式就是这一方式的典型代表。由安妮特·谢尔索(Annette Scheersoi)主编的论文集《自然历史立体透视场景:历史、建设与教育角色》[①]是这一领域的扛鼎之作。全书涵盖了立体透视场景的起源与历史、建造技术、教育与学习功能等主题,收录了大量自然史博物馆的场景制作与教育案例,为本书对语境观念的历史梳理,以及语境化阐释的传播效果的论述带来了很大帮助。

(三)观众情境

"再语境化"的完成一方面取决于能否基于"物"的原生语境构建出合理的展览情境,另一方面取决于多大程度与"观众情境"(visitors' context)相联系,融入观众情境中,被观众留意、感知与内化。观众情境是约翰·福尔克(John Falk)提出的概念,其对象不是博物馆物,而是观众,指的是影响观众认知、情感与心理动机的主观与客观环境。情境认知理论指出,知识不可能脱离活动情境而抽象存在,人类知识的构建被包含在所处的活动、环境和文化中[②]。在这样的认识下,博物馆展陈传播本质上是一个特定展览语境下的藏品信息与特定参观情境下的观众先前知识、经验相联系,然后被观众认知框架所吸收内化为自己理解的意义的过程[③]。福尔克的"情境学习模型"理论为分析观众情境提供了翔实的理论基础。在他看来,在博物馆展陈环境下的学习是高度个体化与情境化的过程,在个人情境(personal context)、社会文化情境(social context)与环境情境(physical context)的共同作用下展开[④]。

---

① Tunnicliffe S D,Scheersoi A. Natural History Dioramas:History,Construction and Educational Role [M]. Heideberg:Springer,2014:10-13.

② 周丽晓. 基于科技藏品开展情境式传播[J]. 自然科学博物馆研究,2019,4(3):13-20.

③ 张贯之. 浅析语境化暗示配置方式对图像意义的影响[J]. 上海理工大学学报(社会科学版),2013,35(2):131-134.

④ [美]约翰·福尔克,琳恩·德尔金. 博物馆经验[M]. 罗欣怡,等译. 台北:五观艺术管理有限公司,2002.

个人情境是观众对于博物馆的认知框架,包括观众的参观动机和期望,以及先前知识、先前经验等。对于前者,观众的参观动机可以区分出不同"身份",比如探索者、助学者、体验寻求者、专业爱好者、精神追求者。不同的"身份"与动机都可能对观众的参观选择、行动偏好等产生影响。对于后者,是指观众在参观博物馆之前,所具有的对博物馆相关内容与主题的基础知识,以及元认知或学习风格。

社会文化情境是观众与他人开展社会文化互动的影响环境。如果说个人情境指的是来自个体内部的影响,社会文化情境就是来自个体外部的"人"的影响。来自外部的"人"包含了两个层面的含义:一是"具体的人",指的是观众同行团队内部的人人交互,比如朋友之间、亲子之间、亲信之间等;二是"社会的人",指的是观众团队外部的交互。一般来说,来自博物馆讲解员、教育员的引导和对话是最常见的团体外交互方式。

环境情境是参观者选择进入并参与其中的实际环境,包括博物馆建筑、展陈环境、展品、解释性材料、展示装置等因素。现有观众研究表明,博物馆的展陈环境设计、展览走线逻辑、展览形式氛围等对观众认识新概念、建构有意义的体验具有显著影响。

一些学者开始深入探讨"物的语境"(objects' context)与"观众情境"(visitors' context)深层整合的路径与方法。在这方面的重要研究包括:伊丽莎白·伍德(Elizabeth Wood)从物的材料感知、随行群体对话、个人经历关联等层面探讨了影响观众建构关于展品的意义和体验的因素与机制[1];比特·哈克勒(Beat Hächler)提出"从展示空间到展演空间""从观察者到参与者"以及"从独白到对话"的展陈设计理念的转换等[2]。然而,目前在运用这些理论的研究中,多以互动操作、感官体验等项目为主要关注对象。对于在展示空间设计、展品的语境化设置中怎样考虑观众情境因素,如何促进博物馆物的语境与观众情境的相关性提升等方面,仍缺乏充分的探讨。

---

[1]　Wood E,Latham K F. The Objects of Experience[M]. Walnut Creek:Left Coast Press,2014.
[2]　Hächler B. Museums as Spaces of the Present: The Case for Social Scenography [M]// Macdonald S,Leahy H R (eds.),The International Handbooks of Museum Studies. New York:John Wiley & Sons,Ltd. 2013:349-369.

四、语境化阐释：深化博物馆公共效益的重要路径

"去语境化"和"再语境化"构成了博物馆工作的深层逻辑，其中，"再语境化"蕴含着激发博物馆文化力量的巨大潜能。通过联系物的原生语境，为物构建有益于理解的新语境，有助于让"沉默"的物件重新"说话"。基于对物的语境的深入认识，探索为物重新编织语境的多元方法，是博物馆策展能力提升的重要途径。然而，尽管已有部分研究者和实践者认识到"去语境化"导致的问题，也对基于语境的阐释传播理论和实践做出了一定的探索，但是面对如此富有潜力的策展工具，我们还有很多了解不到位的地方。比如，对物的语境要素、要素之间的结构关系，均未深入剖析；"再语境化"的讨论比较零散，始终未能提出从收藏、研究、策划与设计等影响传播效果的各环节入手的系统性理论观点和实践建议。

如果从更广阔的国际与国内博物馆发展趋势的视野看，这一问题在今天的博物馆界已经变得越来越凸显，解决这一问题的需求，也变得越来越迫切。

首先，从国际博物馆发展的视野看。当代博物馆发展的一个显著趋势，是博物馆收藏边界的拓展与藏品类型及内涵的丰富化[①]。这一趋势的背后，本质上体现出博物馆收藏动机和观念的与时俱进，以及博物馆对藏品价值定位的革新——藏品不一定要美丽而珍贵，更重要的是藏品中包含的知识、记忆与情感。藏品价值定位的变化，促使博物馆对藏品的利用理念和方式也必须发生变化，藏品不宜只是扮演简单的审美对象，而越来越需要承担起阐释科学知识与表述人类记忆的重要任务，相应地，系统深入地阐释这些物品所承载的人类的知识、记忆与情感，便成为当代博物馆的一个迫切的任务。国际博物馆界的另一个重要趋势是持续深入的社会化与大众化进程。从外部环境看，今天的博物馆已经成为大众旅游的重要目的地。在旅游经济的驱动下，越来越多的博物馆重视提升展览的"可参观性"效果，强调博物馆作为文化空间的属性，并通过多元化、生活化的叙事方法和艺术设计来构建出更具

---

① 严建强,邵晨卉.论收藏视域拓展对博物馆文化及展览的影响[J].博物院,2017(1):61-68.

阐释性、互动性与可读性的文化空间①，吸引游客的注意力，为游客构建有意义的体验。从内部环境看，在20世纪70年代以来的"新博物馆学"运动的推动下，博物馆的工作重点从"以物为中心"迈向"以人为中心"，"以观众为中心"和"学习与体验"的观念逐渐在国际博物馆界被广泛接受。社会化的推进，促使博物馆对物的关注重点，从物件本身，转向物件与人的联结与共鸣，从而对强化物的表现力与感染力提出了越来越高的要求。

　　面对这两个方面的形势转变，那些对"去语境化"导致的问题不够重视，固守在孤立与个体层面的解读和展览模式，已经越来越跟不上博物馆在新形势下的步伐。在博物馆阐释传播工作中全方位地结合语境的理念，从全局性的视野去探讨"语境化阐释"方法的内涵与实践策略，为日益紧迫的现实挑战的解决提供了一种可能性。只有当博物馆在物的内涵揭示与意义传播中超越对孤立个体的关注，而充分重视对物的语境的探寻和建构的时候，特别是在与博物馆物相关的自然与人文环境的视野下解读藏品内涵，并在展览中直观地体现出物与地域、现象与人群的多重联系，方能更有效地避免藏品的失语和观众的片面理解。也只有对富有活力的语境的回归，才能增强展品的感染力和表现力，促进物与人的信息沟通、情感联结与认同共鸣，才能使博物馆更好地适应当代国际社会的发展潮流。

　　其次，从新时代中国博物馆发展的趋势看。党的十八大以来，以习近平同志为核心的党中央高度重视博物馆工作，中国博物馆事业蓬勃发展，公共文化服务功能日益彰显，"到博物馆看展览"逐步成为新的生活方式、新的社会风尚，博物馆日益成为人民美好生活不可或缺的一部分。截至2022年5月，全国注册备案博物馆数量达6183家，总量跃居全球第四位，博物馆陈列展览数量达到3.6万个。2019年，博物馆参观人数达12亿人次，未成年人观众数量达2.9亿人次，博物馆成为深受孩子们喜爱的"第二课堂"。2021年，国务院办公厅发布的《"十四五"文物保护与科技创新规划》（国办发〔2021〕43号）②以及中宣部、发改委、文旅部、国家文物局等九部门联合发布的《关于促

---

① ［英］贝拉·迪克斯.被展示的文化：当代"可参观性"的生产［M］.冯悦，译.北京：北京大学出版社，2007.
② 国务院办公厅.《"十四五"文物保护与科技创新规划》［EB/OL］.（2021-11-08）［2021-10-28］. http://www.gov.cn/zhengce/content/2021-11/08/content_5649764.htm

进博物馆改革发展指导意见》（文物博发〔2021〕16 号）①提出的"促进博物馆事业高质量发展"的新目标和新任务，包括"提高展陈质量""发挥教育功能"等新要求，实现博物馆陈列展览的内涵式创新发展，策划设计更多原创性主题展览，促进博物馆在服务人民美好生活、推动经济社会发展、促进人类文明交流互鉴中的作用，争取在 2035 年基本建成"世界博物馆强国"，为全球博物馆发展贡献中国智慧、中国方案。

立足新时代，面对博物馆事业高质量发展的新形势和新要求，以及观众日益提高的文化水平、审美需求和体验需求，博物馆需要紧扣"陈列展览"这一核心文化产品，加强对文化遗产中跨越时空的思想理念、价值标准、审美风范的挖掘和阐发，推出更多贴近实际、贴近生活、贴近群众的陈列展览，通过更加多元的解读视野，更富创意的展示视角，以及更加鲜活的展示手段，加强展览的特色性、互动性与体验性，加强中华优秀传统文化、革命文化和社会主义先进文化的影响力和感召力，促使展览提升文化旅游体验品质，满足更多人群的精神文化需求，更广泛地融入大众生活。然而，"再语境化"的理论辨析不明、方法总结不全的现状，将不可避免地导致藏品研究视角的匮乏、解读思路的单一、体验效能的薄弱，呈现出"文物活起来"不充分、不均衡的现象。这就离国家的文化发展导向，离人民群众多元化、精细化的公共文化需求还有不少距离，制约着中国博物馆履行传承中华文明、塑造文化自信、助力文化强国的使命。

为此，深入剖析语境的本质内涵，将其有机融入"博物馆阐释"的理论与实践中，深入探讨促进藏品价值多元揭示和活化利用的"博物馆物的语境化阐释"的功能、特点和规律，使其成为提升中国博物馆策展能力的重要抓手，既是时代之需，也是博物馆事业之需。

那么，本书将核心探讨的"博物馆物"和"语境化阐释"分别具有怎样的含义呢？

对"博物馆物"的概念界定，可从"博物馆"和"实物"两个方面展开。首先，博物馆物的根本属性是"实物"。一方面，"实物"的"实"包含了"真实"与"实在"双重含义。前者指的是物的本真性与原始性，其对立面是"虚假的"与

---

① 中央宣传部，国家发展改革委，教育部，等. 关于推进博物馆改革发展的指导意见[EB/OL].
(2021-05-24)[2021-10-28]. http://www.ncha.gov.cn/art/2021/5/24/art_722_168090.html.

"复制、伪造的",因此仿制品和赝品不是博物馆物;后者强调的是"确凿存在的物质性"以及"可被经验感知的客观性"①,那么"虚构的"想法或者纯粹"观念性的"理念而没有相应载体的事物也不能纳入博物馆物的范畴。另一方面,"实物"的"物"指的是占据一定空间、具有一定体积和质量的三维性的物理实存。因此"画面""符号"等不具备三维空间性的现象不属于博物馆物。

其次,博物馆物是有条件地筛选后进入博物馆的实物。根据1974年国际博协对藏品的"人类及人类环境的见证物"的定义,只有那些具有能证明人类自身活动的实在性,反映人类与自然环境的客观关系及环境的变迁与现状,以及揭示不同民族在不同历史时期的文明创造的能力的实物,才能达到被博物馆收藏和利用的门槛,才能因为具有对社会而言的特殊价值与意义,而从现实时空中抽离出来,被"博物馆化"为博物馆物。国际博物馆协会发行的《博物馆学关键概念》就从这个角度将"博物馆物"界定为"对证明人类活动、人类环境与变迁具有不可驳斥的证据价值的实物"②。

从具体内涵与类型看,本书讨论的博物馆物既包括承载过往的人类历史与自然历史信息的各种见证物,比如可移动的古生物化石与古地质标本、考古材料、传世文物,不可移动的自然史遗迹与人类活动遗迹;也涵盖了反映现生人类生活的社会记忆、社会现象与现生自然现象的物质载体,比如可移动的自然标本与活体生物、当代的人工制品、体现非物质文化遗产过程的载体,以及不可移动的自然景观、文化景观等。

在不同的博物馆工作环节,人们对于博物馆物的具体表述通常会有区别。比如在收藏工作与库房保管的阶段,博物馆物更多被称为"藏品";而在展览中作为见证真实事件的对象被展出时,博物馆物又常被称为"实物展品"。本书会根据博物馆物所处具体工作环节来调整称谓。

由于博物馆物的核心价值体现在其见证的自然现象与人类生活的真实信息上,而这些信息都是在实物进入博物馆之前所累积的,因此本书对于博物馆物的语境的考察并不停留于博物馆化之后的阶段,在博物馆物的语境的特征的比较、语境结构的分析过程中,博物馆物作为普通物的经历也会被纳

① 徐亮.物的文化性与物质文化的归路[J].文艺理论研究,2016,36(3):136-141.
② [法]安德烈·德瓦雷,方斯瓦·梅黑斯.博物馆学关键概念[M].张婉真,译.ICOM,2010.

入考察视野。

对于"语境化阐释"，我们可从"阐释"和"语境化"两个方面来理解这一概念。

所谓"阐释"（interpretation），由表示"在……之间"的前缀"inter"与意为"表达"的词根"pret"组成，其字面意思是一方向另一方/多方传达信息[①]。现代阐释学之父弗里曼·蒂尔登（Freeman Tilden）在其著作《阐释我们的遗产》中，将"阐释"引申为一种教育活动，"阐释并非信息本身的简单传递，而是通过原始遗产资源的利用，通过访客的直接经验，使用直观的媒介来揭示事物的意义与关系"[②]。这一观点奠定了今天博物馆界关于"阐释"的基本理解。首先，阐释资源是原始事物，如自然与文化遗产，即博物馆中的"物"。其次，阐释也关注受众的认知经验与特点，也就是博物馆面对的"人"。然而由于物的信息不像显性的符号化的言语与图书，而是隐藏于物质的深处，因此"物"与"人"之间存在着需要克服的认知距离。最后，阐释手段是直观的媒介，相当于博物馆中的传播方法与技术。《博物馆学关键概念》将"阐释"界定为通过对物的内涵的深入理解，对受众诉求与经验的充分关联，并调动各类传播手段，以缩小"人"与"物"之间的认知距离的一系列行动[③]。阐释的工作范围包含了藏品研究与展览传播两大环节，前者是通过物的内涵解读让博物馆人自己变得明白，后者是通过传播技术让自己的明白转化为观众的明白。

"语境化"（contextual/contextualize）是"语境"的动态形式，具有两层含义：一方面，是指将解释对象置放到相互关联的语境网络下进行意义制约与解释的行动，是发挥语境功能的过程；另一方面，当对象被置入关联性意义网络下考察时，意义的生成语境不再处于原初状态，而必然会出现罗伊·迪利所说的"关联环境要素的部分选择与部分断离"的现象，从而在"旧语境的基础上重新编织生成新的语境"[④]。因此语境化其实也是一个变化发展的语境再生成的过程。本书所说的"语境理念"正是包含了"语境化"的这两层含义，

---

① 周婧景,严建强.阐释系统:一种强化博物馆展览传播效应的新探索[J].东南文化,2016(2):119-128.

② Tilden F. Interpreting Our Heritage[M]. Raleigh:The University of North Carolina Press,1977:9-31.

③ [法]安德烈·德瓦雷,方斯瓦·梅黑斯.博物馆学关键概念[M].张婉真,译.ICOM,2010.

④ Dilley R. The Problem of Context[M]. New York:Berghahn Books,1999:5-8.

也就是既以关系性而非孤立化的整体性视野去认识对象，也在动态性而不是固定化的思维下为对象重新编织关联性网络以解释其意义。

今天，越来越多的博物馆认识到物与观众之间确实存在需要克服的认知差距，也开始积极调动各种理念、方法与技术来帮助观众理解包裹在物里面的意义，践行着阐释的工作。本书所指的"语境化阐释"便是通过对博物馆物的原生语境的联系，在关联性网络的动态编织中去解释其意义的理念，系统性地贯彻到博物馆阐释工作后的产物。由于"再语境化"能在概念认知上搭建更可及的框架，在体验塑造上提供更具象的图景，当其与"阐释"相结合，自然会形成带有某些特点的方法或模式，也有可能总结出可推广的实践建议，而这些内容也是本书将要深入探究的。

本书共分为八章，第一章为绪论，第二至七章为正文论述部分，最后一章为余论。第一章介绍了研究语境化阐释的必要性，对研究对象和范围做出了界定，并回溯了目前有关"博物馆"和"语境"的研究情况，在构建学理框架的同时引出了本书的研究方向。第二章系统梳理了语境观念在博物馆领域的历史发展轨迹，揭示为什么博物馆需要重视语境的内在逻辑，并厘清当代博物馆"再语境化"的理论路径与实践方向，为后文语境本体内涵的剖析、语境化阐释的方法与操作的探究提供来自历史维度的重要依据。从第三章到第七章试图从物的语境的本体论、方法学与实践建议三个角度切入，构建一套系统开展博物馆物"再语境化"阐释的理论与实践体系。第三章聚焦物的语境的本体论，以关联物、关联人群、特定时空为语境的构成要素，并从尺度（宏观语境和微观语境）与维度（各个社会生活领域）界定语境的基本结构。第四章着眼语境化阐释的方法学，在总结出同时空同微观语境、同时空同语境维度、异时空同语境维度三种有益阐释的"再语境化"类型的基础上，从藏品研究与展示传播两个环节剖析语境化阐释的方法特点。第五、六、七三章立足本体论和方法学，结合博物馆具体工作，提炼出语境化阐释的实践策略体系。博物馆须以全面、系统、动态揭示展品的多维度内涵，促进观众与展品深层沟通为核心使命，在收藏、研究与展示利用的环节中，分别保存、探索、编织物的语境关系。最后一章余论回顾了本书的核心观点，并尝试将语境化阐释从"方法论"上升为"语境化思维"，并对适应语境化思维的博物馆价值观念和工作机制提出了展望和期待。

第二章   博物馆的语境观念变迁

　　"去语境化"现象与人类的收藏行为相伴而生。然而,在博物馆工作中自觉联系收藏对象的关联环境,并开展"再语境化"阐释与传播的语境化实践,却是比较晚近的事情了,直到 19 世纪末才真正兴起。这一时期,在北美与西欧的一些自然史与人类学博物馆中兴起了"生境群"与"生活群"展示,物件被放到相互关联的展品组群中,指向物被"去语境化"之前的情景现象。几乎同一时代,在北欧的民俗文化博物馆和露天博物馆中,人们尝试将具有本土特点的物件,嵌入整体关联的地域背景中,激发本土人群对故乡的热爱。在语境观念萌芽的坐标点上往前看,我们不禁发问:在 19 世纪之前,博物馆是如何看待与理解物的关联环境的? 为什么在 19 世纪末这个节点兴起语境观念? 这种观念的出现回应了博物馆当时怎样的诉求? 往后看,问题接踵而来:不同历史阶段中,博物馆对物的语境、语境化现象形成了哪些反思,出现了怎样的分歧? 当代博物馆的"再语境化"又呈现出怎样的态势? 这些历史维度的探索对于今天认识博物馆物的"语境"能提供怎样的启迪?

一、从珍奇柜到类型学:抽离语境的物件

　　现代博物馆滥觞于文艺复兴时代的"珍奇室"(cabinets of curiosities)。所谓"珍奇室",顾名思义,就是收藏着各种珍稀、奇特的物品的空间。这些珍奇之物大多由当时的王室贵族或著名学者所拥有。从图 2-1 所示的这张 17 世纪有关珍奇室的图像中,我们可以想象尚处于萌芽状态的博物馆的样子——书籍手稿、雕塑、武器、奖章、珠宝、动植物标本、贝壳和各种各样的珍奇物品[1],如大杂烩般集聚一堂,摆满了包括天花板在内的空间。

---

　　[1]　Hooper-Greenhill E. Museums and the Shaping of Knowledge[M]. London:Routledge,2001:84.

图 2-1　奥尔·沃姆珍奇室

来源:维基百科 Cabinet of Curiosities 词条

　　在现代人看来,这种藏品布置方式显得杂乱无章,然而相关的出版物却表明看似怪诞的图景背后,其实隐藏着整饬有序的关联性逻辑。在 1565 年第一本阐述珍奇室收藏分类法的著作中,作者塞缪尔·基格伯格(Samuel Quiccheberg)颇具野心地将收藏分为 5 大类与 53 子目,包括上帝与创始人的家谱,展现人类创造技巧和艺术的物品,植物、动物和矿物,人类活动所需的工具,以及人造图像等①。进入 17 世纪后,以学者、医师与药师为代表的收藏家越来越重视物件的鉴别与分类。他们通过观察与比较标本之间材质、形态的相似性,试图从奇异事物中寻找出更契合上帝意志的本质性分类原则。比如在收藏家奥尔·沃姆(Ole Worm)于 1654 年出版的收藏目录 Museum Wormianum 中,将收藏区分为矿物质、植物、动物、人工制品等,其中人工制品的多个类别,是根据所用材料的属性,如泥土、石头、金属、植物

①　Kuwakinok K. The Great Theatre of Creative Thought:The Inscriptiones vel tituli theatri amplissimi...(1565) by Samuel von Quiccheberg[J]. Journal of the History of Collections,2013,25 (3):303-324.

或贝壳等进行分类的①。

这种朴素的关联性认识,与文艺复兴时代的社会观念与思想潮流密切相关。16世纪与17世纪是一个见证着探索发现、人文主义与近代科学兴起的时代,但同时也是一个弥漫着古老观念的时代。这两种世界观的交织,塑造着收藏家对珍奇室藏品的分类与布置。赫尔墨斯神智学(Hermeticism)是当时流行的信仰,这种神秘主义观点认为微观宇宙(microcosm)和宏观宇宙(macrocosm)具有普遍联系,宇宙、人体以及自然中的大小事物之间存在着"伟大的生命链条"(the great chain of being)②。在这种信念的鼓舞下,人们积极寻找将上帝与人类、动物、植物和各类事物完美联系起来的等级结构。珍奇室也肩负着这样的使命。因此,这一时期大多数藏品分类原则,既依从于收藏家的个人偏好,也服膺于收藏家所描绘的宏观宇宙的思想结构。不同时空背景与类别的器物被整合进特定的等级体系,体现出收藏家眼中这个世界的微型镜像③。

虽然这一时期的收藏家们对于物与物、物与世界之间形成了关联性的看法,但还不能说这一时期出现了语境观念。这是因为珍奇室所呈现的关联性,完全依赖于收藏家的主观逻辑,物与所属的自然、文化与社会环境之间的客观关联性并未得到真正重视。物件不是用来表现来源地的文化与环境,而主要为了证明上帝所创造出的万物连锁,为了凸显好奇、神秘与不寻常性,并夸显收藏者拥有的百科全书般的渊博知识④。此外,收藏家很少详细记录藏品如何被收藏,以及原始用途等。例如,日本学者吉田宪司在研究斐迪南二世的珍奇室时发现,当时"人们对藏品的制作地,几乎不太注意",来自非洲的象牙制汤匙,在账目上错误记载为"有着土耳其风格的汤匙"⑤。

让我们继续将眼光投向18世纪。这个世纪开始见证航海贸易与殖民活动的空前发展。相应地,更多的异域物品也大量涌入欧洲。在这种情况下,

① Simmons J E. Museums:A History[M]. Maryland:Rowman & Littlefield,2016:115-117.
② McShine K. The Museum as Muse:Artists Reflect[M]. New York The Museum of Modern Art,1999:98.
③ Findlen P. The Museum:Its Classical Etymology and Renaissance Genalogy[J]. Journal of the History of Collections,1989,1(1):59-78.
④ 尹凯. 珍宝、标本与艺术:西方民族志藏品的内涵演变与发展逻辑[J]. 中国博物馆,2014(3):17-23.
⑤ [日]吉田宪司.博物馆与搜集的历史[C]//黄贞燕,主编.民俗/民族文化的搜集与博物馆.台北:台北艺术大学,2011:9.

注重个体的独有性、奇特性的神秘主义认识方式,已经无力应对呈几何倍数增长的陌生事物。在启蒙运动和近代自然科学的催化下,早期的博物学家出现了。他们的使命明显区别于传统的珍奇室收藏家。在博物学家心目中,获得有用的知识,探寻庞杂事物背后的自然规律,比强调事物的丰富性与独特性要重要得多。相应地,认识与分类事物时,需要更强调客观性和标准化,摒弃个人化与非寻常。只有这样,事物之间的可比较性才能得以加强,从而有助于更快捷准确地把握事物的内在规律。

在现实需求的驱动下,以肉眼可见的外观与功能特征为基准,通过客观的观察与比较,对物种进行分类、排列与整理的早期博物学方法逐渐产生了[①]。卡尔·林奈(Carl Linnaeus)等人创建的现代自然分类体系便是这一新范式下的产物。它不仅广泛应用于自然史博物馆,也影响了 19 世纪 40 年代后兴起的人类学博物馆的收藏、研究与展示工作。1884 年奥古斯都·皮特·里弗斯(Augustus Pitt Rivers)在其创立的皮特·里弗斯博物馆(Pitt Rivers Museum)中,布置了一个以"武器"为主题的陈列,并将不同地域、民族的武器,以"形态差异"的标准从简单到复杂排序。

以类型学(Typology)为核心方法的早期博物学的出现,有效解决了海量新事物的分类、命名与归序问题,也为启蒙时代教化公民做出了重要贡献。然而,当来自不同时空的物件,被过滤掉庞杂的信息,只在"外观形态"和"功能"的相似性视野中被排列与组合时,这些物件与原属环境的关联性也被很大程度地遮蔽了。从这个角度看,从珍奇室中脱胎而来的早期公共博物馆,仍然没有体现出语境的观念。

总之,类型学并不完美。当物件被剥去关联环境的细节,纳入器物排队的视觉框架中后,藏品原生地的自然、历史与文化特征也被相应抹去了。表面的"相似性"背后,很可能包含着完全不同的文化理解[②]。在这样的思维下,藏品的意义和价值就容易诠释不深入,甚至被误解。

尽管类型学范式存在认识论上的不足,但最先抛向它的批评,并非针对

---

① Thiemeyer T. Work, Specimen, Witness: How Different Perspectives on Museum Objects Alter the Way They Are Perceived and the Values Attributed to Them[J]. Museum and Society,2015, 13(3):396-412.

② 安琪. 表述异文化:人类学博物馆的民族志类型研究[J]. 思想战线,2011,37(2):21-26.

认知逻辑的弊端，而是展示方式的艰深乏味所导致的与普通观众的疏离。在公共博物馆开放初期，博物馆通常研究什么就展出什么，更像是附带了展示功能的研究机构。类型学陈列显然是为专家准备的，缺乏专业背景的观众很难靠自己就领会物件背后的含义。19世纪中叶世界博览会的成功举办推动了公共博物馆向社会各阶层人士的全面开放，随着普通观众的不断涌入，博物馆也开始正视他们的需求，试图在类型学陈列之外探索新的展示手段。

二、立体透视场景与露天博物馆：语境意识的萌生

19世纪末，类型学还在主导欧美博物馆界的时候，两股反抗类型学弊端的力量也悄然增长起来：一部分自然史与人类学博物馆中兴起了生境群与生活群展示，将物件置入情景再现的场景中；北欧地区诞生了露天博物馆，人们将来自本土的物件布置在一起以反映区域的历史文化。这两类实践都将物件从器物排队中解脱出来，并试图通过联系物件原先的情景环境，或者原先的宏观背景去理解其内在意义。这标志着博物馆领域中语境意识的萌生。

（一）"生境群"的兴起

尽管类型学主导的陈列方式有很好的教化功能，但对于普通大众而言显得过于专业，不够新鲜。在探索解决方案的过程中，一种更加直观、通俗的展示方式——生境群（habitat group）渐渐兴起了。不同于类型学陈列将不同时空背景的物件编入器物排队的做法，生境群将一些自然标本放到人工营造的与其自然状态相关联的背景下，并与其他标本摆出戏剧性的互动姿势[①]，以俘获观众的注意力。

事实上，这一陈列方式可以追溯到更早的阶段，特别是在早期一些私人商业性质的博物馆中。1782年11月，画师出身的查尔斯·威尔森·皮尔（Charles Willson Peale）在美国费城建立了一家画廊。1786年7月，为进一

---

① Pearce S. Museums, Objects and Collections: A Cultural Study [M]. Leicester: Leicester University Press, 1992: 120.

步扩大客源,皮尔在画廊中开辟了一个"自然珍奇库"(Repository for Natural Curiosities)①。身为一名画家,他在布置动物标本时,也融入了自己的艺术才能,除了按照林奈的生物分类法展出大部分展品,还别出心裁地将一些动物标本放到模拟环境中展出,从而开创了"生境群"的先河。虽然这样的展示方式没有留下任何图像资料,但从他给友人的一封信中,我们能大致想象他的杰作:

　　一群野鸭标本游荡在这条河上。在人工制作的池塘中,摆着各种姿态的水鸭标本。一些鸟和兽类的标本在树干上。还有一些鸟标本悬浮在空中,似乎正在飞行。②

　　另一个著名的早期生境群案例发生在英国伦敦。1809 年,一位名为威廉·布洛克(William Bullock)的商人将其私人收藏的 32000 件自然历史、民族志、考古学物件搬到了伦敦的"埃及大厅"(Egyptian Hall)。这座被后人称为"布洛克博物馆"的地方,以模拟展示的"生态栖息地"而闻名(见图 2-2)。在主展

图 2-2　布洛克博物馆大厅
来源:Wellcome Collection 官方网站

　　①　[美]爱德华·P. 亚历山大,玛丽·亚历山大. 博物馆变迁:博物馆历史与功能读本[M]. 陈双双译. 南京:译林出版社,2014.
　　②　Richman I. Charles Willson Peale and the Philadelphia Museum[J]. Pennsylvania History:A Journal of Mid-Atlantic Studies,1962(3):261.

厅内，大象、犀牛、北极熊与斑马等大型动物标本被置于人工制作的非洲荒野和热带雨林场景之中，并辅以风景画突显出写实性的震撼效果，这被一些学者视为迄今最早的"生境群"展示①。

以今天的标准看，布洛克博物馆的展示更像是主题乐园的奇幻秀，类似于将寒带动物（北极熊）与热带动物（斑马）并置一起的做法，在科学性上显然经不起推敲。此外，从图像中沿墙布置的密集标本箱也可以看出，在当时，类型学范式依然占据主导地位，生境群更像是吸引游客的商业噱头。但是，对于19世纪的欧洲而言，标本组合与模拟景观的戏剧性共置所焕发的惊人生命力，具有极大区别于传统类型学的视觉魔力，这也引发了许多公共自然史博物馆的追捧。

19世纪后半叶，在博物馆人对全景画、标本剥制技术、透视视觉设计等技术的借鉴与融合下，更具科学准确性和艺术感染力的"立体透视场景"（diorama）诞生了②。这种展示手段以透视法绘制的画板为背景，在前方放置立体的动植物标本或复制品，整体构成一个由观众视点望去，具有透视感的立体景象。很快地，这项技术就在英国自然历史博物馆（1881年）、美国自然历史博物馆（1886年）、美国密尔沃基公共博物馆（1889年）等博物馆中得到了运用③。

（二）鲍厄斯与"生活群"展示

生境群与立体透视场景的热度，也逐渐扩散到人类生活现象的展示题材上。19世纪末的几次世界博览会上，都展出了"实物＋人体模型＋模拟环境"的"生活群"（life group）场景，尤其在1878年的巴黎世界博览会上，瑞典展区中反映北欧地区农民家庭情景，以及猎人迁徙情景等一系列"生活群"大放异彩（见图2-3），引得人们纷纷驻足围观。一位法国观众激动地写下观后感：

---

① Mathisen S O. Still Standing. On the Use of Dioramas and Mannequins in Sámi Exhibitions [J]. Nordisk Museologi, 2017(1):58-72.

② Tunnicliffe S D, Scheersoi A. Natural History Dioramas: History, Construction and Educational Role[M]. Heideberg:Springer,2014:10-13.

③ Tunnicliffe S D, Scheersoi A. Natural History Dioramas: History, Construction and Educational Role[M]. Heideberg:Springer,2014:14-19.

从祖母的纺车到孩子的摇篮，一切都是真的。也有一些场景仿佛是截取了一群拉普人(Lapps)的生活片段——有些人坐在雪地里，有些人在小屋前，还有些人驾驶着一群雪橇狗。……从这些来自瑞典的场景展示中，我感受到了真实的生活。……这些雕像实际上是有生命的。①

图 2-3　1878 年巴黎世博会瑞典展区的宣传画

来源：大英图书馆报纸档案馆

这位法国人的澎湃感受，或许可以代表大多数第一次见到生活群展示的19 世纪欧洲人的心声。鉴于这种新奇展示手段所具有的强烈吸引力与感染力，在接下来的半个世纪中，包括丹麦民俗博物馆、德国柏林人类学博物馆、美国芝加哥菲尔德博物馆等民俗学、人类学博物馆纷纷效仿这种做法，将其

———————————

① DeGroff D A. Artur Hazelius and the Ethnographic Display of the Scandinavian Peasantry: A Study in Context and Appropriation[J]. European Review of History: Revue europeenne d'histoire, 2012,19(2):229-248.

作为吸引观众的法宝①。

生境群与生活群展示,改变了原本孤立地看待"物"、平面地看待"事"的观念,通过物件之间、物件与环境之间的相互扣合与关联,使孤立的物件重新回归到了其制造和使用的时空坐标与场景下,为观众创设出与日常经验相联系的,易于辨识的自然与生活现象。这些实践反映出博物馆对物的原先关联环境的重视,昭示着"语境"意识的萌芽。

不过,在当时,无论是"生境群"还是"生活群",大多仍以吸引观众注意力与满足好奇心为出发点,人们很少深入思考它们在认识论上对类型学逻辑的颠覆本质。这种情况一直持续到19世纪80—90年代,在美国国家历史博物馆中才得以改变。

当时主持民族志藏品工作的奥蒂斯·梅森(Otis Mason)十分推崇类型学。比如在下面这个由他设计的反映美国纺织技术与文化的展柜中(见图2-4),不同民族的纺锤、梭子和织物被按照外形与功能相似性被排

图 2-4　19世纪末美国国家历史博物馆陈列
来源:史密森尼学会档案馆网站

<hr />

① Baglo C. Reconstruction as Trope of Cultural Display. Rethinking the Role of "Living Exhibitions"[J]. Nordisk Museologi,2015(2):49.

列在一起，试图揭示出"各民族的纺织技术都遵循着相似的发展轨迹"的结论。

1887 年入职该博物馆的人类学家弗朗斯·鲍厄斯(Franz Boas)敏锐地察觉到这一认识存在着致命缺陷。一方面，"同一族群的物品按照各自的形态与功能被拆散，零落分布在不同展厅内"，使观众看不到特定族群的整体文化面貌①；另一方面，来自完全不同的文化背景的器物又被强行并置在一起，体现出所谓的普遍规律或进化序列，这种做法过于牵强。鲍厄斯坚定地认为，不同民族的文化现象是"人的生理、心理特征及其周围环境(surrounding)"影响下发展的结果，"文明不是绝对的，而是相对的"②，因此民族志器物的展示应该根据特定部落和人群来划分。

世界博览会上引发轰动的生活群展示，也引起了美国国家历史博物馆的兴趣。在梅森看来，这种方式能丰富展示方式以及吸引观众，可作为类型学陈列的部分补充。为此他委派鲍厄斯制作一个反映美国西北海岸夸夸嘉夸族(Kwakwaka'wakw)冬季仪式的生活群展示③。不过，在鲍厄斯眼中的生活群展示，并不只是简单的调节展览氛围的工具，而是实现他心目中理想的民族志展览的希望。他带着摄影师陪同记录了仪式与表演的过程，并搜集了仪式相关的物品、口述资料，还测量了原住民的身体与面部尺寸。在场景制作的过程中，鲍厄斯也亲力亲为。为保障人体模型姿势对现象再现的准确性，他还亲身上阵摆出各类姿势诠释仪式的细节④(见图 2-5)。1894 年，这个看起来更科学与严谨的生活群展示正式与观众见面了(见图 2-6)。

---

① Boas F. The Occurrence of Similar Inventions in Areas Widely Apart[J]. Science,1887(224): 485.

② Jackins I. Franz Boas and Exhibits[M]//Objects and Others: Essays on Museums and Material Culture. Stocking G W,Jr. (ed.),Madison: University of Wisconsin Press,1985:75-111.

③ Edwards E. Photography, Anthropology and History: Expanding the Frame[M]. London: Routledge,2016:95-109.

④ Hinsley C M,Holm B. A Cannibal in the National Museum: The Early Career of Franz Boas in America[J]. American Anthropologist,1976,78(2):306-316.

图 2-5　鲍厄斯在生活群制作现场
来源：史密森尼学习实验室网站

图 2-6　夸夸嘉夸族冬季仪式生活群
来源：史密森尼学习实验室网站

许多学者将鲍厄斯的这次工作，视为第一次主动在语境理念下开展的生活群展示实践。即便鲍厄斯在描述博物馆物的关联环境时，多用"周边环境"

（surrounding）、"背景"（milieu）等词汇，但其思想与实践无疑契合语境观念的内核。博物馆专业人士第一次自觉地在功能和形态的分类比较之外，从认识论的角度强调物和原先所属的特定环境或情景现象紧密结合的重要性，生活群展示也首次被赋予传播"物的内在意义"的使命。这一观念的明确主导，也促进了场景科学性的提高。从观众的反馈看，鲍厄斯预想的"使观众头脑有效合成生活现象，让器物和文化背后的联系更轻易地被看到"的目标也得到了一定程度的实现。艾拉·杰克尼斯（Ira Jacknis）认为，鲍厄斯以"文化相对主义和语境的观点"冲击了"普遍主义的类型学思想"，重视与物相关的"具体特定的情景现象"的语境观念，逐渐在 19 世纪末的欧美博物馆中得到了广泛的传播①。

（三）哈泽利乌斯与斯堪森露天博物馆

19 世纪的欧洲处于新旧交替的社会转型期，近代民族国家的建立，工业革命的拓展与资本主义经济的兴盛，在重置社会结构的同时，也深刻影响着博物馆的发展内涵。为稳固民族国家的新政治体系，塑造新公民身份与凝聚社会共识，欧洲各国纷纷建设国家与地方博物馆②。与此同时，工业革命与城市化推动了社会的进步，但也引发了乡村文化的崩溃与传统生活风貌的消逝，在怀旧的浪漫主义思潮下，人们纷纷发出拯救本土文化的急切呼吁。在这种背景下，区域博物馆不仅需要关注本土地域的文化资源，更要采取更有效的方式去激发公众对本土文化的了解与情感连接。于是，区域博物馆逐渐萌生出了语境观念——将物件从类型学框架中解脱出来，将同地域的不论材质、功能与形态的物件安置于一个空间，形成本土件之间、物件与本地文化和人群之间的整体性关联，从而彰显出物件的宏观地域环境的内涵。相对较早且全面体现这种语境观念的实践，发生在 19 世纪 70 年代以来的北欧地区，以瑞典人亚瑟·哈泽利乌斯（Arthur Hazelius）（见图 2-7）开创的北欧博物馆（Nordiska Museet）与斯堪森露天博物馆（Skansen Open-air Museum）为典型代表。

---

① Jackins I. Franz Boas and Exhibits［M］//Objects and Others：Essays on Museums and Material Culture. Stocking G W,Jr.（ed.），Madison：University of Wisconsin Press,1985：75-111.
② ［德］弗德力希·瓦达荷西.博物馆学（理论）：德语系世界的观点［M］.曾于珍等，译.台北：五观艺术管理有限公司,2005：117-118.

图 2-7   亚瑟·哈泽利乌斯(1833—1901)

来源:维基百科 Artur Hazelius 词条

　　1872 年,在瑞典达勒纳省旅行的哈泽利乌斯惊异地发现这里正遭受现代工业文明的侵袭,传统生活方式无奈地快速流失。遗憾、失落与不安感冲击着他的内心,出于对"未来瑞典人与北欧人将无法正确认识自己"的担忧,此后,他全身心投入北欧民间传统建筑、工具、民间服饰与工艺品的收藏之中①。次年 10 月,这些被搜集的物件以"斯堪的纳维亚民族学收藏"(Scandinavian Ethnographic Collection)之名,在瑞典的斯德哥尔摩市向公众开放。1880 年,博物馆改名为"北欧博物馆"。11 年后,北欧博物馆的分支机构,世界上第一家露天博物馆——斯堪森博物馆成立了。这里集聚了哈泽利乌斯多年来购置、收藏与异地重建的北欧传统建筑,被誉为北欧乡村的"袖珍版"。始创之际就有"(芬兰)拉普兰地区的棚屋、芬兰的原木小屋、冰岛的泥房、(瑞典)达拉纳、斯莫兰的村舍,以及几间挪威的阁楼建筑"②。

---

　　①   DeGroff D A. Artur Hazelius and the Ethnographic Display of the Scandinavian Peasantry:A Study in Context and Appropriation[J]. European Review of History:Revue europeenne d'histoire, 2012,19(2):229-248.

　　②   Magdalena H. Contested Boundaries:Nation,People and Cultural History Museums in Sweden and Norway 1862—1909[J]. Culture Unbound. Journal of Current Cultural Research,2010(2):583-607.

哈泽利乌斯深信,当城市的中产阶级看到农民生活中原真与美丽的一面时,他们对祖国的爱与北欧故土的感情就会被唤醒,也会更深入地反思自己与脚下这片土地的关系[①]。为实现这一目标,他并没有跟风模仿当时流行的器物排队的方式,而是以"生活图卷"(living picture)的理念展现北欧民间生活,让观众接触到完整而现实的文化环境。这一理念在室内展览与户外展示中均有体现:在北欧博物馆中,他以立体透视场景的方式重建了生活空间,请艺术家制作人体模型,结合相关主题的民间物件,制作了"文洛克农民之家"[②]等生活群场景;在斯堪森博物馆,则重建了整个居住环境,并运用了被后人称为"活历史"(living history)的诠释方法,将民俗物件、房屋建筑"与演绎人员、音乐、民俗舞蹈、爱国庆典、餐馆和生态花园等结合在一起",将这些收藏安置到恰当的"背景(milieu)"与"生活单元(living unit)"中[③],以描绘未遭受现代工业侵染的生活风貌(见图 2-8)。

图 2-8　斯堪森博物馆内的民俗舞蹈表演(1900 年)

来源:艾克瑟·林代尔(Axel Lindahl)拍摄,摘自 *National Museums:New Studies from Around the World* 第 79 页

---

①　DeGroff D A. Artur Hazelius and the Ethnographic Display of the Scandinavian Peasantry:A Study in Context and Appropriation[J]. European Review of History:Revue europeenne d'histoire, 2012,19(2):229-248.

②　Baglo C. Reconstruction as Trope of Cultural Display. Rethinking the Role of "Living Exhibitions"[J]. Nordisk Museologi,2015(2):49.

③　Gradén L. Performing Nordic Heritage:Everyday Practices and Institutional Culture[M]. London:Routledge,2016:118.

哈泽利乌斯对北欧地区物质文化的收集与展示的实践，既体现出对物与特定情景现象的共同关注，也透露出将物重新置入更广阔的地域文化背景的整体关系中理解与诠释的思维。这两者都是有意识联系物的原属关联环境的做法，因而都是语境观念的体现。不过相较之下，后者才是北欧博物馆模式的灵魂。这是因为，本土地域是哈泽利乌斯所有工作的出发点：收藏视野聚焦于北欧与瑞典的前现代乡村生活，具有明确的地域和文化边界。展示视野也着眼于本土地域，所有物件是这片土地"生活图卷"的一部分，相互关联的人、动植物、房屋必须交集于本土地域背景才有意义。展示的最终目标，是在地域性的联系中引导观众去了解本土历史，激发本土民众对过去黄金岁月的缅怀，以及对故土家乡的热爱。事实上，后世的历史评述也多用"在语境"（in context）和"语境化的"（contextualized）①等关键词总结哈泽利乌斯的语境观念，强调他所开创的北欧博物馆模式"让博物馆专业人士真正开始聚焦物件和本土地域的语境联系"②。20 世纪之后，民俗生活博物馆、露天博物馆也在挪威、芬兰、俄罗斯、罗马尼亚、德国、比利时、威尔士和荷兰等各国迅速推广③，在此过程中，"整体关联的地域背景"的语境观念，也在多地博物馆的实践中得到丰富与深化。

三、写实还是剥离："再语境化"的分歧

20 世纪 40 年代以来，随着博物馆对公共传播和社会教育的日益重视，专业门槛较高的类型学陈列逐渐退出博物馆展览的主流舞台。源于 19 世纪的语境观念继续融入博物馆实务，并发展出"生态单元"等更强调对物的原生语境进行完整、写实再现的做法。然而，随着写实复原式的"再语境化"理念达到巅峰，其"固化视角""刻板印象"与"引发分心"等弊端也浮现出来。在艺术博物馆界，一种主张"剥离语境"的反抗潮流悄然兴起，还一度传

---

① 　Marshall H W. Folklife and the Rise of American Folk Museums[J]. The Journal of American Folklore, 1977, 90(358): 391-413.

② 　Hurt R D. Agricultural Museums: A New Frontier for the Social Sciences[J]. The History Teacher, 1978, 11(3): 367-375.

③ 　Kavanagh G. Mangles, Muck and Myths: Rural History Museums in Britain[J]. Rural History, 1991, 2(2): 187-203.

播至人类学博物馆领域。博物馆界迎来了一场前所未有的"再语境化"观念大分歧。

（一）立体透视场景的新发展

进入 20 世纪的博物馆面临着两个新的变化：一方面，实验室与大学等研究机构的壮大，使博物馆作为科研中心的地位辉煌不再[1]；另一方面，乔治·布朗·古德（George Brown Goode）等博物馆学者倡导的博物馆与社区的关系建设与博物馆公共教育理念也不断走向成熟。在这样的背景下，博物馆的工作重心也产生了新的转变，人们深切意识到需要革新博物馆实务，改善博物馆与普通公众的关系，更积极地发挥博物馆社会教育的功能。

成立于 1926 年的国际博物馆办公室（International Museum Office）在 20—30 年代组织了多场国际会议与交流活动，一些重要的讨论结果刊印在《博物馆》杂志（The Museum Journal）上。专业门槛过高、藏品陈设冗杂的类型学展示，被当时的一些博物馆人追究为阻碍博物馆与公众关系良性建构的"元凶"。

针对这种现象，许多学者建议在展览中将抽象的类型学展示保持在较低限度，那些"有助于观众看到物与物之间的密切联系"的全景画、生境群、生活群等展示手段具备较强的教育功能，应鼓励继续使用，此外还应对展品辅以地图、模型和图表的支持，以帮助非专业人士欣赏展品。

参与组织这些会议的学者中，有一位人物不得不提，他就是被誉为"法国博物馆之父"，同时也是首任国际博物馆协会（International Council of Museums）主席的乔治·亨利·里维埃尔（Georges Henri Rivière）。里维埃尔是 20 世纪上半叶将语境观念继续联系到博物馆实务工作中的关键人物。他将自己的博物馆理念概括为"基于时间和空间阐释一个特定的地域及地域的物质文化，同时展现人和自然的相互关系"。这一饱含语境意识的理念是他在对美国以及北欧博物馆的立体透视场景和露天博物馆的考察与反思中形成的[2]。这位法国人自 1937 年开始担任法国国立民间艺术与传统博物馆

[1]　Rader K A, Cain V. From Natural History to Science: Display and the Transformation of American Museums of Science and Nature[J]. Museum and Society, 2008, 6(2): 152-171.
[2]　De la Rocha Mille R. Museums Without Walls: The Museology of Georges Henri Rivière[D]. PhD diss., City University London, 2011: 130.

馆长,在他领导开展的博物馆实践中,我们能清楚地看到这种理念的运用。一方面,里维埃尔将马林诺夫斯基、马塞尔·莫斯(Marcel Mauss)、洛德·列维-斯特劳斯(Claude Levi-Strauss)等人类学家的理论与博物馆工作相结合,特别注重从历史、地理、社会与经济等跨学科的角度,对地域民间文化开展整体性研究。另一方面,他还开创了一种被称为"生态单元"(ecological units)的收藏、研究与展示模式,也就是在收集民间文化的过程中,对一些重要的收藏对象,将其关联的环境,比如建筑的天花板、地板、生活器具等也整体性异地搬迁,并最大程度注意细节,完美还原出一个真实的场景。这样的理念在1964—1965年对奥布拉克(Aubrac)地区的乡村文化收藏项目中得到了充分体现。具有地域和传统特色的厨房、制奶间、客厅等都几乎原封不动地被转移到了博物馆中(见图2-9)。里维埃尔在总结这次工作时写道"收藏不只是获取物件的过程,物所处的环境,特别是物与其他事物之间的关系也是其意义的重要组成"①。

图 2-9　奥布拉克地区某家庭的制奶间"生态单元"
来源:欧洲和地中海文明博物馆

① Rolland-Villemot B. Ecological Units, Period Rooms' and Ensembles of Movable Objects, From Collection to the Museum Interpretation[EB/OL]. https://journals. openedition. org/insitu/13373#tocto1n4,2019-09-24.

除法国之外，在其他地区的博物馆实务中，语境观念也得以继续传播。到了 20 世纪 60 年代，类型学陈列已经逐渐淡出了欧美各国自然史、科学工业与人类学博物馆展览的主流舞台，藏品被以更具视觉性和教育性的方式重新组织与诠释①。一些大中型博物馆的立体透视场景无论在经费投入、科学准确性、制作工艺还是艺术水准上都取得了新的突破。与此同时，也产生了关于场景制作的理念与方法总结。为美国自然历史博物馆制作了 38 个经典场景的著名画家与场景制作师詹姆斯·佩里·约翰逊(James Perry Wilson)，就指出场景的透视背景画需要从主观的艺术创作向客观的科学绘画转型，只有基于光学、数学与摄影技术的背景画，才能准确地传达出自然景观的魅力和情绪②。

然而，在立体透视场景风靡世界各地博物馆的过程中，这种复原写实式再现原生语境的做法，也受到了一些学者的批评，尤其在 20 世纪 80 年代之后。有一种批评指出，这种展览方式容易有固化观察视角、塑造刻板印象的隐患。持有该观点的典型代表是唐娜·哈拉威(Donna Haraway)。这位美国学者在《灵长类视觉——现代科学世界中的性别、种族和自然》一书中，指出自然史博物馆的许多哺乳动物的栖息场景，经常以雄性动物为视觉焦点，雌性动物为附庸陪衬。然而，对于某些哺乳动物而言，这样的场景表现是不符合科学依据的。但是，由于这种复原写实式的环境重现，只遵从专家限定的一个固定视角，同时又非常强烈的视觉冲击力和静态印象，很容易给公众塑造出自然界的哺乳动物雄少雌多、雄强雌弱的刻板印象，有违科学的准确性与公正性③。此外，还有一种批判的观点是，复原写实再现的展示，虽然提供了大量精确的视觉细节，但也容易迷惑观众，使观众分心，反而放弃了对科学原理和自然知识的聚焦。卡伦·莱德(Karen Rader)就表达了这样的担忧④。这些批评声音的涌现，一方面说明博物馆界开始出现了对"再语境化"实践本

① Rader K A, Cain V. From Natural History to Science: Display and the Transformation of American Museums of Science and Nature[J]. Museum and Society, 2008, 6(2): 152-171.

② Anderson M. James Perry Wilson: Shifting paradigms of Natural History Diorama Background Painting[M]//Natural History Dioramas. Dordrecht: Springer, 2015: 67-78.

③ Haraway D. Primate Visions: Gender, Race, and Nature in the World of Modern Science[M]. London: Routledge, 2013.

④ Rader K A, Cain V. From Natural History to Science: Display and the Transformation of American Museums of Science and Nature[J]. Museum and Society, 2008, 6(2): 152-171.

身的理论反思，另一方面也在无形中酝酿了"再语境化"观念与实践的巨大分歧。

（二）"白盒子"的争议

在自然科学、人文历史等类型的博物馆中，人们对写实复原式的"再语境化"理念的批判大多是比较温和的。相较之下，在艺术类博物馆与一部分人类学博物馆中，对写实复原式的"再语境化"的反抗显得格外激烈，甚至走到了倡导"剥离语境"的另一个极端。这样的理念在艺术博物馆领域的一种叫做"白盒子"（white cube）的展览模式中体现得最为明显。所谓"白盒子"，又叫白方空间，是西方现代艺术展览公共空间的模式，通常指在天花板与墙壁为统一的白色环境下，将艺术作品与其发生的生活世界相隔离、创作语境与其观赏语境相隔离的展示方式①。在这种展示方式中，物是以"去语境化"的方式被"再语境化"的。那么，为什么艺术博物馆对待"语境"的态度是如此截然不同，这种"白盒子"的做法是如何演变而来的？

对于这些问题的回答，需要追溯到18世纪末公共博物馆诞生之时。当艺术品告别私人奇珍室，进入公共博物馆空间后，私人收藏的经营作风却依然占据支配地位。为便于精英阶层的比较与鉴赏，艺术品密布墙面。随着19世纪中叶后博物馆访客人数的激增，密集型陈设方式加上拥挤的人流，导致了极为糟糕的观看体验。为解决这个问题，艺术博物馆领域逐步摸索出两个方向的解决路径。

首先是被称为"时代室"（period room）的展示模式，这是一种将特定时期、地域与艺术风格的绘画、雕塑和装饰艺术等作品整体布置成有如一个特定时代的室内环境的做法，由德国人威廉·冯·博德（Wilhelm von Bode）开创。1904年开放的柏林凯撒-弗里德里希博物馆（Kaiser-Friedrich Museum）就集中体现了这样的理念。博德认为，博物馆一方面要对藏品做出取舍，只展出最重要的艺术品；另一方面，选择的过程必须建立在恢复"艺术品最初的运作氛围"的原则上②，因为艺术品一旦从被设计的环境中移除，将失去原本

---

① 涂蓉蓉. 当代艺术的展览空间与艺术作品间的联系[J]. 装饰，2019(11)：112-115.
② Baker M. Bode and Museum Display：The Arrangement of the Kaiser-Friedrich-Museum and the South Kensington Response[J]. Jahrbuch der Berliner Museen，1996，38：143-153.

的目标、功能和意义①。

自该博物馆之后,"时代室"模式很快在欧美各国艺术博物馆扩散,并在20世纪20—30年代的美国达到顶峰。费城、芝加哥、明尼阿波利斯等各大城市的艺术博物馆被时代室的热情所席卷,美国媒体盛赞这种展示方式让"艺术史盛会在观众面前展开,就像坐上了魔毯,在不同时空中穿梭"②。

与时代室模式并行的另一条展览改造路径,更侧重艺术品本身的观赏体验,着眼于艺术品展出数量的精简、挂置方式的调整,以及布展背景的改变等。20世纪20年代,强调形式主义和审美纯粹性的现代主义美学逐渐兴起,艺术品的本真性、独创性与美学体验被奉为展览追求的核心目标。1936年美国纽约现代艺术博物馆(MoMA)在《立体主义与抽象艺术》展览中,初次尝试了将天花板与墙壁漆为统一的白色,移除装饰元素与配件,以更疏朗的间距与更简概的说明信息展出艺术作品的方法③(见图2-10)。新的展览模式推出后颇受追捧,在西方艺术博物馆中逐渐蔓延传播。20世纪50年代之后,时代室由于过于追求"写实"与"自然主义",遭到了"为观众强加固定视角,并导致艺术审美分心"等诸多批评,再加上营建过程耗资较大,便逐渐"退烧"了。此后,追求极简主义的布置方式成为现代艺术博物馆的主流。1976年,布莱恩·奥多赫蒂(Brian O'Doherty)创造了"白盒子"(white cube)一词以指称这样的展示模式。

20世纪80年代以后,"白盒子"的展示模式也传播至一些人类学博物馆中。安东尼·谢尔顿(Anthony Shelton)专门整理了1994—2005年采用"美学化"方式展示民族志物件的人类学博物馆,其中就包括法国的戴皮尔博物馆、法国布朗利河岸博物馆、德国柏林的民族学博物馆以及日本大阪的国立

---

① 在艺术博物馆领域,这种观点最早大约可追溯至在18世纪法国的德·昆西。他批判法国大革命时期的卢浮宫博物馆是将其他国家的艺术品剥离原境后集中到博物馆中,这种对艺术品的空间物理挪移是一种破坏和剥夺,摧毁了艺术品所持有的本真性,这种挪移让观者无法透过艺术品体验到创作的原初环境以及创作者最真实的意图。在这种情况下,博物馆不是用来保护艺术品,反而是损害了艺术品的意义。

② Harris N. Period Rooms and the American Art Museum[J]. Winterthur Portfolio, 2012, 46(2/3): 117-138.

③ Myzelev A. Exhibiting Craft and Design: Transgressing the White Cube Paradigm, 1930-Present[M]. Oxford: Taylor & Francis, 2017: 3-5.

图 2-10　《立体主义与抽象艺术》展览

来源:MoMA 官方网站

民族学博物馆等①。

　　有学者对这样的现象做出了解释——涉及跨文化题材的人类学博物馆,经常遭遇"如何解释殖民宗主国和被殖民土著文明的发展差异"的困境。通过"抹去"展品的起源和语境,强调民族志物件本身的审美品质,不仅能传达各民族相互平等的观念,也能绕过对敏感议题的讨论。而从更深层的逻辑看,通过剥离物件的原生语境,对于物件背后的文化解释,也就不再受控于权威的、一元的话语,解读视角也不再是固化的、刻板的。从这个角度看,在人类学博物馆中采用"白盒子"的展示模式,实际上迎合了一部分博物馆人反抗写实复原式的"再语境化"理念的心态。

　　但是,这种做法也遭到了许多博物馆人士的激烈反对。反对者们认为,即便移走文物的原始语境,依然无法避免回答差异性的问题,而且,缺乏背景知识的观众往往会不知所云,在毫无背景的空间中,观众依然会倾向于将非

　　①　Shelton A. Museums and Anthropologies:Practices and Narratives[M]//A Companion to Museum Studies. New Jersey:John Wiley & Sons,Ltd,2006:64-80.

西方文化想象为落后的形象①。那么,究竟应该忠实地再现原生语境? 还是激进地剥离原生语境? 两种方向的"再语境化"观念在人类学博物馆相遇,碰撞出巨大的分歧。

1989 年由彼得·弗格(Peter Vergo)主编的《新博物馆学》(*The New Museology*)中收录了查尔斯·萨马雷斯·史密斯(Charles Saumarez Smith)撰写的《博物馆、人工制品与意义》一文。文章首次提出了"语境化展示/展览"(contextual exhibitions)与"美学化展示/展览"(aesthetic exhibitions)的对立概念。这对概念恰好对应着这一时期博物馆界"再语境化"观念的分歧。在史密斯看来,展品作为特定时代、文化、政治或社会制度的象征,与各种各样的解释性材料共存,揭示出原生语境下的文化意义的展示方式属于"语境化展示",处于天平的一端。展品之间被刻意留出明显的间距,所有抢夺观察注意力的周边事物被尽可能删除,只突显展品的本体品质,剥离展品和原生语境的联系的展示方式隶属于"美学化展示",位于天平的另一端②。遗憾的是,史密斯并未对"语境化展示"或"美学化展示"的本质内涵、适用范围、开展原则、操作方法等进行更深入的探索。

四、中间道路:"语境化方法"

尽管 20 世纪上半叶的博物馆与公众关系与一个世纪前相比已经有了很大进步,但是在博物馆专业性日益攀升的同时,也使其逐渐成为自我评价与自我控制的封闭系统,在另一个层面拉大了与社会之间的距离③。20 世纪 70 年代,欧洲和拉丁美洲等地区的博物馆开始重新审视其价值观,评估其在新时代的社会角色,主张推动博物馆充分融入所在的社区和社会,促使博物馆成为服务于社会发展的文化机构。在此背景下相继涌现出新的博物馆实践形态与理念主张,比如源于法国的"生态博物馆"(ecomuseum)实践,以及拉丁美洲的"整体博物馆"(integrated museum)理念等。

---

① Myzelev A. Exhibiting Craft and Design: Transgressing the White Cube Paradigm, 1930-Present[M]. Oxford: Taylor & Francis, 2017: 3-5.

② Smith C S. Museums, Artefacts, and Meanings[M]//The New Museology. Peter Vergo (ed.), London: Reaktion Books, 1989: 46-50.

③ 尹凯. 重置与转向:当代博物馆理念的梳理与思考[J]. 东南文化,2018(4):82-89.

　　"生态博物馆"的术语最早由里维埃尔和雨果·戴瓦兰（Hugues de varine）在 1971 年国际博协第 9 届大会时提出，在 1967—1975 年的法国地方公园系统和 1971—1974 年法国索勒特所煤矿区得到了最早实践[①]。生态博物馆强调人与环境的紧密结合，可以看作是里维埃尔"生态单元"思维的进一步传承与发展。传统博物馆一般将遗产从原生地搬到某一个建筑物内，而生态博物馆则将遗产保留原生地进行整体性的活态保护、展示与培育。因此，生态博物馆不再仅局限于某一建筑内，而是将某一特定的社区内的自然与文化遗产进行原状保护，社区范围就是博物馆的范围。社区内的自然风貌、建筑物、生产生活用品、风俗习惯等物质和非物质所有文化因素均为生态博物馆的"藏品"和"展品"。生态博物馆作为一个富有吸引力和想象力的革新运动，在 80 年代后迅速向世界推广开来。

　　"整体博物馆"的概念发轫于 1972 年联合国教科文组织在智利圣地亚哥召开的"今日拉美博物馆之角色圆桌会议"。面对与欧美发达国家日益扩大的经济、社会与文化差距，与会的拉美地区博物馆管理者们强调以全局性观点综合治理现有的社会、政治、文化等问题，博物馆作为"一种向社会提供文化与教育服务的机构"，应成为改善拉美地区困境的重要力量之一，需要"建设主题内容、藏品和展览相互嵌联，与人类生存的自然与环境相互联系的整合性博物馆……以寻找潜在的出路与最优方案"。这次会议除了博物馆方面的专家出席外，还邀请了一些教育、文化、科学机构的学者出席。这些业外学者把博物馆引入社会改革与发展的大环境中去思考博物馆改革之路[②]。

　　无论是"生态博物馆"还是"整体博物馆"，其思想内核都是突出博物馆的社会面向，强调将博物馆的"物"置于自然、社会与人民的广泛联系之中。它们不但继承了 19 世纪以来的露天博物馆、"生态单元"等做法，而且特别强调"遗产""地域""社区"与"环境"等概念，可以看作是在 20 世纪下半叶博物馆物的语境观念与语境化实践方法的典型案例。

　　更重要的是，主张"回归社会"的新博物馆学视野，触发了传统博物馆理

---

　　①　苏东海.国际生态博物馆运动述略及中国的实践[J].中国博物馆,2001(2):2-7.

　　②　苏东海.国际博物馆理论研究的分化与整合——博物馆研究的两条思想路线札记[J].东南文化,2009(6):9-14.

念的反思与重置,在对于博物馆物的语境的理解,以及物的语境化阐释的实践上,也激发出关注、面向与介入社会的更多特征。进入 20 世纪 90 年代,部分学者与策展人引用语言学与人类学的"语境"概念中"将不同元素编织为关联性意义网络"的内涵,倡导将更多维度的学科知识、更多元化的群体声音编织入博物馆物的收藏与解读工作之中,以更深入地回应"新博物馆学"的使命。在此背景下,一种更具折中性的"再语境化"道路逐渐被摸索出来。它既没有像"白盒子"模式那样,激进地抛开物的原生语境,也没有像传统的"自然主义"那样,局限在对原生语境的写实复原,而是一方面深入探索并呈现物的原生语境的多元角度、多层内涵,另一方面对社会公众保持了开放性,打破一元化的话语体系,推动博物馆物与社会公众产生智识、兴趣、情感等方面的有效链接与沟通。

苏珊·皮尔斯(Susan Pearce)是较早捕捉到这一新变化的学者之一。她将这种"再语境化"理念总结为"语境化方法"(contextual approach)。在 1992 年出版的《博物馆、物与收藏:文化研究》一书中,皮尔斯写道:

在博物馆的阐释实践中重视语境……其本质就是将与藏品原先有关的社区人群、社会文化环境等线索编织到一起,并在这些有机的联系中去理解自然环境与人类社区的独特价值。……对于语境的关注不应停留于经验层面,而应该上升为博物馆哲学的一次革新……在解读、研究与传播藏品意义的过程中,重视联系藏品的原生语境,即"语境化方法"。①

理查德·普兰提斯(Richard Prentice)也借鉴了语境的术语,并将物的语境视为"观众建构博物馆物内在意义的促进机制"(context as the facilitator of insight)。解释展品的核心在于把博物馆物重新放到"如何使用,在哪里使用,对使用者意味着什么,生产过程的关系,文化演变的联系,与其他事物的关系"等丰富的网络关系中。在他们看来,只有在涉及多学科与多群体的开放

---

① Pearce S. Museums, Objects, and Collections: A Cultural Study [M]. Leicester: Leicester University Press,1992:109-115.

视角下阐释物品，才能促进观众对物与展览的理解，从而建构有意义的
体验[①]。

　　理念的更新也反映在博物馆实务中。比如欧洲与北美的少数科学工业
博物馆与科学中心就推出了一些在"社会、经济、政治与历史维度"下展示科
学过程、科学性质与科学技术的展览。比如 1993 年 10 月在英国伦敦惠康医
学史研究所举办的"出生与繁育：现代英国的生殖政治"(Birth and Breeding：
The Politics of Reproduction in Modern Britain)展览中，讨论无痛分娩、性教
育、避孕、堕胎等生殖医学和技术的敏感议题，体现出医生、患者、政客等多个
人群不同立场的观点[②]。次年 4 月，在美国华盛顿史密森尼国家历史博物馆
举办了名为"美国生活中的科学"(Science in American Life)的展览，通过体
现演化论与基督教矛盾的"猴子审判"(Monkey Trial)，二战期间研发核武器
的曼哈顿计划，完善克隆技术的实验室等 22 个历史案例，追溯了过去 125 年
来科学、技术和社会之间的关系[③]。

　　科学博物馆对于物的原生语境的关注，也影响到了工业历史类博物馆的
建设与反思。1998 年，借筹建美国国家工业历史博物馆(National Museum of
Industrial History)的契机，100 余名博物馆人齐聚美国理海大学(Lehigh
University)，讨论工业历史博物馆的使命、展览设计理念等议题。"是否在阐
释传播中重视语境"成为衡量展览优劣的重要指标之一。与会者称赞了布法
罗和伊利县历史学会(Buffalo and Erie County Historical Soceity)的"面包与
钢铁"(Bread and Steel)展览工业历史的模式，因为它们不仅通过适当的照片
和标签说明"语境化解读"了工厂的见证物，还在展示中大量引用了许多工人
的口述访谈。美国纺织历史博物馆(American Museum of Textile History)
的常设展览因为"聚焦于技术的单一维度"而轻视了"工人的发展环境和个人
心理"而受到了与会者的批评[④]。

---

　　① Prentice R. Managing Implosion：The Facilitation of Insight Through the Provision of Context
[J]. Museum Management and Curatorship，1996，15(2)：169-185.
　　② Pedretti E. T. Kuhn Meets T. Rex：Critical Conversations and New Directions in Science
Centres and Science Museums[J]. Studies in Science Education，2002，37(1)：12-13.
　　③ Mulkey L M，Dougan W. The Smithsonian Institution Exhibition of "Science in American
Life"：Science as It Consists of Normalized Practices[J]. The American Sociologist，1996，27(2)：61-78.
　　④ Cutcliffe S H，Lubar S. The Challenge of Industrial History Museums [J]. The Public
Historian，2000，22(3)：11-24.

21 世纪以来,越来越多的博物馆人意识到了在阐释工作中联系博物馆物的原生语境的重要性,纷纷主动拥抱语境理念。布拉格国家技术博物馆(National Technical Museum)馆长伊沃·贾诺赛克(Ivo Janousek)在发表于2000 年的《语境博物馆:整合科学与文化》一文中,针对 21 世纪科学博物馆未来发展趋势,提出了"语境博物馆"(context museum)的设想。贾诺赛克认为科学博物馆长期以来存在着技术与文化分离的现象,这非常不利于公众全面了解周围的世界。通过建立"整合人类所有技术、智慧、文化乃至艺术"的"语境博物馆",可以帮助观众在更整体的视野下回首历史、认识现在与展望未来。在语境博物馆中,观众既可在文化旅程中了解科学知识,也能在科技探索中感受多种多样的娱乐体验①。

为藏品重新编织庞大的关联性意义网络,并不仅仅停留于虚幻的宏伟蓝图。皮特·里弗斯博物馆在 2002—2006 年开展的"关系博物馆"(relational museum)研究项目中,针对 1884—1945 年 4500 名收藏家的相关藏品,进行了地理来源、藏家个人信息、藏品关联信息的回溯探究。项目负责人克里斯·戈斯登(Chris Gosden)认为,博物馆不仅仅是物品的集合地,更是社会关系的聚集场所,然而过去人们往往"将藏品视作静态的、去语境化的物品,在收藏与研究中也掩盖了很多关系"。关系博物馆的项目旨在重新调查人与物的关系,最后的呈现结果不只是物品本身,而是附带着书面与口头的资料、照片、影像等链接,也就是在语境中呈现藏品②。

随着对语境认识的不断深化,越来越多的博物馆人意识到,若想常态化与最大效益化地发挥"语境"的积极效应,不能只是依靠偶然性与碎片化的经验总结,而需要将语境观念和博物馆阐释工作更紧密地结合起来。在 1992 年苏珊·皮尔斯倡导将语境理念发展为"语境化方法"(contextual appraoch)之后,人类学家萨皮纳兹-阿马尔·纳吉布(Saphinaz-Amal Naguib)在 2004 年的一篇文章中也提出要积极建构"语境化方法",也就是要探索"互动的、叙事的语境化策略",在语境化的过程中"寻找多个角度的叙事切入点,尽可能纳

---

① Janousek I. The "Context Museum": Integrating Science and Culture[J]. Museum International, 2000,52(4):21-24.

② Larson F, Alison P, Zeitlyn D. Social Networks and the Creation of the Pitt Rivers Museum [J]. Journal of Material Culture,2007,12(3):211-239.

入多元视角的个体记忆",将"围绕着藏品的生活方式、社会结构、宗教信仰、技术活动和历史事件"以可视化的方式表现出来①。以其为代表的相关研究是 21 世纪以来欧美博物馆界将"语境"从"经验观念"到"方法论"的新转向的重要标志。

"语境化方法"的研究转向在国内博物馆界也有所体现。有学者剖析了物的语境的不同类型与构成方式,例如,黄洋认为考古遗址类博物馆的阐释过程中,需重视考古材料的生产生活、废弃埋藏、发掘研究的语境②;郑茜从民族学器物的角度,指出藏品阐释需从器物自身社会历史环境和器物外部文化两个角度完整呈现去语境化前的藏品价值③。也有学者关注了展览中对物进行"再语境化"(re-contextualization)的操作思路,比如严建强强调在内容设计上将主题和框架作为提示语境关系的工具④,朱煜宇认为在形式设计上要运用空间关系构建有逻辑联系的展品组合等⑤。中国台湾学者张婉真在《当代博物馆展览的叙事转向》一书中系统探讨了"情境展示"的内涵,她认为这是"运用真实物件或复制品布置的三维空间的环境,用以指涉一个外在于博物馆的原时空环境",并在"物件之间的相互关照下,帮助观众辨识物件的原时空环境,产生身临其境的体验"的展示手段。

几乎所有的藏品都是脱离原生语境后进入博物馆,由于经历了"去语境化",很容易陷入静态与失语的"信息加密"状态。在展览中,将孤立的物置入开放的、多元的语境意义之网,可以为观众提供心理层面的认知框架,使原本失语的藏品锚定明确含义,并增强静态之物的感染力与表现力,促进更多角度的知识传播与更深层次的情感认同。这或许是为什么当代博物馆越来越青睐既联系原生语境,又不固化视角的中间道路——"语境化方法"的重要原因。然而遗憾的是,以上这些折中了"传统性"与"后现代性"的"语境化方法",几乎都只停留在理念层面的呼吁,始终未能形成将藏品的不同语境和观众认知情境整合统筹,兼具系统性、理论性与实操性的理论与方法体系。

---

① Naguib S. The Aesthetics of Otherness in Museums of Cultural History[J]. Tidsskrift for kulturforskning,2004,3(4):5-21.
② 黄洋. 中国考古遗址博物馆的信息诠释与展示研究[D]. 上海:复旦大学,2014.
③ 郑茜. 作为方法论的民族文物——民族文物价值认知的方法论意义初探[J]. 博物院,2019(4):59-66.
④ 严建强. 论博物馆的传播与学习[J]. 东南文化,2009(6):100-105.
⑤ 朱煜宇. 博物馆陈列语言之情境构建研究[D]. 上海:复旦大学,2014:42.

　　回顾历史不难发现，"语境化方法"的探索之所以一直止步不前，与历史上语境观念的理论反思不够到位是密切相关的。首先，一直缺乏对博物馆物的语境本体内涵的深入剖析。博物馆人在使用"关联性意义网络"等语境理念时，偏向于将"语境"视作纯粹的外来术语，默认将言语或文本等语境对象，简单置换为博物馆物，而不注重与博物馆界传统的语境观念做必要的对接，或者即便意识到有不同之处，却没有深入地探究区别在哪里。对物的语境要素、要素之间的结构关系，均未深入剖析。由于在语境的视野下阐释物，本质是通过对它们所处语境的重新编织而实现，如果对物的语境只有模糊理解，就无法全面、系统与切实地展开这种阐释思路。当共性有余而个性不足时，那么语境化阐释也只能在共性的基础上泛泛而谈，很难真正发展出契合博物馆工作特殊需求的阐释工具。其次，在"语境化展示"和"美学化展示"的区分中，虽然表面上明确了语境化展示的外延，但简单的二元区分并没有给语境化阐释方法的探究带来多少实质性的帮助。一方面，将"语境"和"美学"对立，似乎暗示着在美学化的展示中，展品就失去了任何语境。但展品不可能处于真空中，伴随着去语境化的便是再语境化，形成了"艺术的语境"。美学化展示的"语境"，与语境化展示的"语境"的含义显然是不同的，但是根本区别究竟在哪里？不解释清楚这个问题，语境化阐释就会缺乏稳固的根基。另一方面，对于"语境化展示"的内涵没有开展更细化的讨论。在天平两端之间存在着广阔的过渡地带，美学化展示与语境化展示之间临界点在哪里？语境化展示究竟包含了哪些展示方式？这些问题直接关系到语境化阐释方法的内涵界定，也是下文需要深入回答的。

第三章　本体考察：
博物馆物的语境是什么？

在从"语境观念"向"语境化方法"转向的过程中，系统、全面地把握博物馆物的语境本体内涵是"语境化阐释"体系成立的根基与关键。博物馆物的语境有什么区别于其他语境类型的特征？博物馆物的语境要素之间存在怎样的结构关系？博物馆物的语境存在哪些形态类型，在不同形态的关联之网下，其属性和意义又会发生怎样的变化？本章的三个小节分别从特征、结构与类型三个角度去剖析博物馆物的语境本体。这些研究将帮助我们更清晰地界定博物馆物的语境的外延与内核，为语境化方法在博物馆阐释中的有效应用奠定本体论基础。

一、依托于物的关联之网

"语境"是一个跨学科的术语。尽管博物馆学的"物的语境"概念有扎根于博物馆历史发展的独特性，但也很大程度受到语言学、文学等传统语境研究领域的影响。一些学者虽然意识到"物的语境"与"言语沟通语境"或者"文学文本语境"之间确实存在不同之处，但却没有深入地探究区别究竟何在。当"物的语境"特征不明晰，"语境化阐释"的方法学与实操体系就难以真正建立。

在本质上，物的语境与言语沟通语境、文学文本语境等语境类型都是围绕着特定对象产生的关联性意义网络。因此，"语境""对象"与"意义"三个关键词构成了语境的本体存在。尽管从功能上看，这些语境都是由一些语境要素构成的，制约着对象如何获得意义，也影响着意义如何被解释和理解，因此在这方面三者之间没有很大的差异。然而，由于对象属性的不同——前者依托于实体性的物质,后者依托于符号性的言语或文本,所以在意义制约的过程中,尤其是在意义制约的要素内涵,意义生成与显现的载体,以及意义解释与理解的难易度等方面存在着显著差异。

（一）关联物的制约

不论什么类型的语境,对象的意义都是在多个语境要素组成的关联性意义网络中制约与生成的。但是如果仔细比较三类语境之间构成要素的内涵,可以发现,只有物的语境的要素中,包含了物理形态的实体,这是它明显区别于另外两类语境的一个主要特征。

言语沟通语境的语境要素既体现在言内语境,也就是言语本身的上下文,包括语音、词语、语句与语篇等要素①,以及言外语境,包括言语沟通发生的宏观社会文化因素,发话者与受话者等行为主体,言语运用的目的,言语的语调、态度和神情,言语传播的媒介,最终选择的语言风格、体裁等②。

文学文本语境的要素,一方面体现在文学作品内的文字符号,如语符、句段等;另一方面体现在文本外语境的作者、读者、文学批评家与理论家,以及他们对文本的情感态度、意识形态偏好、目的动机、知识储备等要素。文学文本以什么样的文体（如诗歌、戏剧、小说等）表现,以及通过什么样的媒介（如口头、印刷、电子媒介等）传播,也被一些学者认为是重要的语境要素。由于作家的成长与创作都浸润在特定的历史与社会背景中,因此文本的意义也依赖于广阔的社会文化语境,比如时代精神、民族传统、价值观念和生存意识等要素③。

尽管在具体名称与内涵上有一些差别,但这两类语境都包含了以下要素:与解释对象相关联的其他语词或文本;语言运用的行为主体;言语和文本的表现体裁与媒介;言语行为的宏观社会环境因素等。

那么物的语境具有哪些要素呢? 在这方面,克里斯·卡普尔(Chris Caple)

---

① 王建华.关于语境的构成与分类[J].语言文字应用,2002(3):6-8.
② Hymes D. Models of Interaction of Language and Social Setting[J]. Journal of Social Issues, 2010,23(2):8-28.
③ 徐杰.文学语境研究[D].杭州:浙江大学,2012:71-75.

在其著作《物件:不情愿的证人》(*Objects:Reluctant Witness to the Past*)中有比较精到的阐述:第一,"关联人群"的要素,指"拥有/使用/创造物件的社会文化中的个人或团体";第二,"关联物"的要素,指"围绕物并与之相邻、共存的一组物品";第三,特定时间与空间的自然或社会环境;第四,一系列行动或事件等①。不难发现,与前两类语境相比,物的语境的要素中同样具有"行为主体"和"社会环境",但是还包含了具有物理形态的实体,即"关联物",这是前两类语境所不具备的。

　　虽然在言语沟通、文字创作与阅读的语境中,行为主体也往往处于不同的物质环境中,会与许多具有物理形态的其他实物相邻并存,但这些物质实存不会真正左右这两类语境中对象的具体意义。一句话或者一段文字的具体含义,主要是在语言和文字符号的观念世界中产生的,"关联言语"或"关联文本"才是制约对象的关键要素。

　　然而,对于物的语境而言,"关联物"通常是不可或缺的语境要素,在对象的意义生成中发挥着关键作用。例如一把春秋战国时期的青铜剑,需要经历塑模、翻范、合范、浇注与打磨修整等一系列范铸工艺才能被生产出来。在其生产语境中,技术工艺与工匠智慧的体现,既需要铸剑匠人的全程参与,也离不开泥范、熔炉、修整工具的配合使用。

　　对于博物馆展览中的物品,其意义生成也和邻近展品密切相关。马克·摩尔就指出,"创建展览是一个语境化的过程,核心在于用物品塑造出不同的组合方式"②。在鲍厄斯的生活群展示中,一件美国西海岸原住民的冬季仪式用具,之所以能在博物馆中体现出仪式功能的信息,离不开邻近的原住民立体模型、其他仪式物件的联系与照应。

　　"关联物"与"关联人群"组成了物的语境的两大基本要素。然而在某些情况下,前者在重要性上甚至超过后者。比如,对于矿物岩石、化石、动植物物种等自然物,它们产生与变化的"生命历程"中记录着地球环境、地质运动与生态活动的丰富信息。这个过程并没有人类活动的介入,人们对其的意义

---

① Caple C,Reluctant Witness to the Past[M]. London:Routledge. 2006:12.
② Maure M. The Exhibition as Theatre-on the Staging of Museum Objects [J]. Nordisk Museologi,1995(2):155.

解读,主要依赖于微观生态环境中的其他关联物,比如小群落内的伴生物种,同个/邻近岩石地层单位中的岩石等,以及关联物之间的生态链关系、地层岩性关系等。再如,在考古遗物的解读中,关联物的语境要素也起着至关重要的作用。在任何居址遗迹中,曾经繁衍生息的先民已经消逝,只留下记录着生产与生活信息的灰坑、柱洞、红烧土、居住面以及散布其间的遗物。正是这些关联物以及物质实存之间空间与位置关系的存在,考古学家才有可能基于此解读出遗物曾经的使用和功能信息,为重构先民的生活面貌以及历史文明的宏大图卷奠定基础。

（二）载体不可转换

不管是言语、文本,还是实物,任何对象的意义生成与显现,都需要借助一定的载体,脱离载体的意义传播是不存在的。但是,载体与对象的关系,载体对于对象意义的产生与显现的影响力,在三类语境中有所不同。具体而言,物的语境中,对象与意义的载体不可转换,这是其有别于言语沟通语境和文学文本语境的另一个重要特征。

在言语沟通语境中,发话者与受话者之间的言语交流,既可以通过面对面的物理环境,也可以通过电话、远程视频等载体。对于文学文本语境而言,文字文本既可以存在于纸面上,也可以进入电子书或其他电子屏幕被人们观看,或者以有声朗读的方式呈现。也就是说,言语或文本的载体是完全可以转换的。这里的载体,也就是言语或文本传播的媒介。

在这两类语境中,载体/媒介的改变有可能会带动其他语境要素一起变化,改变整体的语境网络,进而影响主体的言说动机或创作意图,以及言语或文本的组织与表达方式,最终影响意义生成。比如,同样是商务性谈话,在电话媒介,或者面对面的物理环境媒介下,谈话的方式甚至内容可能会有不同。后者通常意味着更加正式的交际场合,发话者也会选择更正式的措辞和更得体的语气语调。与此同时,发话者的脸部表情、姿势和体态活动等非语言语境要素也会在面对面的环境下体现得更多,而这些细节是基于电话媒介的受话者难以察觉的。对于文学创作而言,纸质印刷的媒介和网络媒介之间的区别,并不只是物质载体属性的不同,而关涉到出版标准、市场考虑与传播受众等因素。一般来说,纸质媒介的出版门槛更高,对于文学的思想深度与内容品质的要求也更高,对敏感话题的审查更加严格,更欢迎相对严肃的文学作品;而在网络媒介中,更多的是快餐文化性质的网络文学,由于创作与发表门槛不是很高,因此在内容品质、思想深度等方面的要求也相对低于纸质媒介[①]。

但是,虽然说媒介在一定程度上制约着言语和文本内容的组织方式和意义生成,但并不能说言语或文本的意义依附于这些载体。一方面,真正制约对象意义的实际上并不是载体本身,而是载体背后更庞大的语境网络——政治制度、市场考虑、价值观念等,载体只是多个语境要素之一;另一方面,从意义显现的角度看,当言语或文本的内容成型后,媒介的转换并不会改变其作为语言符号的属性,也不会造成上下文关系的变化,因此对具体语义的呈现并没有影响。比如,"傻瓜"一词,在相同的交际者和表达意图的前提下,不管是面对面的表达,还是电话与远程视频的表达,无论是在纸质媒介,还是电子、网络媒介中,都是同样的含义。

相较于言语或文本的语境中载体、对象与意义的相对独立,物的语境中,三者关系则要紧密得多。物的语境中,对象是具有物理形态的实物,其载体也是实物本身,而意义的生产与显现所依附的载体是不可转换的。以唐代的青瓷瓶为例,它可能被人们放置于厅堂中作为日常摆设,也可能在祭祖仪式中作为插花的贡瓶,还有可能被家族视作传家宝而传承下去。不管青瓷瓶的语境如何变化,语境对象的载体一直是青瓷瓶本身,并不会转换到别的载体上去。在语境变动的过程中,它所发挥的器物功能,被寄托的情感,所承载的记忆一直在改变,但这些意义并不像语言符号那样独立于它们的载体,而是以隐匿的方式附着在实物中[②]。总之,物的语境中,载体本身不是语境要素,对象、载体和意义三者始终合一。哪怕载体在使用过程中遭遇了一些破坏,或者增添了新的物质构件,塑造出与先前不同的载体形态,但只要其载体仍然存在,这种合一的关系就不会改变。

---

① 徐杰. 文学语境研究[D]. 杭州:浙江大学,2012:103-104.
② Karp I, Kratz C A. Collecting, Exhibiting, and Interpreting: Museums as Mediators and Midwives of Meaning[J]. Museum Anthropology,2014,37(1):51-65.

（三）低自明性

在对象的意义解释与理解过程中,物的语境与另外两类语境之间也有明显区别,主要表现为语境的意义自明性较低。在这里,自明性指的是自然而然就明了的性质。尽管语境必然地赋予对象特定的意义,但是从对象的意义显现到认知主体的接受与理解这一过程中,意义被理解的难度是不一样的。

在言语沟通语境与文学文本语境中,对象和意义的本质是语言符号。语言和文字是显性的信息,它们本就是服务于大规模人群沟通交流的工具。此外,无论在言语的听取还是文本的阅读中,由于意义并不依附于载体,接受者无需考虑载体本身的形态与质性,得以直奔意义解释的主题。因此,通常来说,只要主要的语境要素到位,释义者本身也具备基本的识字与听写的能力,不需要借助别的手段,也不需要花费大力气,就可以直接领会到发话者或创作者想表达的意义。从这样的角度看,这两类语境的意义自明性比较高。

相较之下,物的语境中意义的本质是使用性信息和表意性信息,这些信息并不外显,而是依附于载体且深藏在物质深处。除了少数的图书文献、档案资料,以及装饰图像与刻绘文字的器物这些带有传播意图的物之外,大多数博物馆物,如一般的考古遗物、历史文物、生物标本、民俗物件等等,都不具备传达信息的使命与能力。在语境中理解这些物品的内涵,往往需要一定的文化背景或者知识门槛。以考古遗物为例,即使考古遗址的埋藏语境完全没有遭到人为破坏,遗物的地层关系,以及器物组合等都非常清晰地呈现在人们面前,对于普通人来说,这些埋藏语境背后的深意还是很难理解。在向公众开放的考古遗址现场,如果不配置一些解释埋藏语境的意义的解说牌,那么对观众而言,蕴含着丰富遗产信息的遗址可能只会带给他们一种年代久远的诧异感和新鲜感,但不一定能真正触及遗物的内在意义,与古人展开对话。这些埋藏语境中的奥秘,只有接受了长期的考古学训练的专家,才有可能去破解。

在博物馆展览的语境中,虽然"策展团队布展—观众看展"的关系,很接近文学文本语境的"作者创作—读者阅读"的模式,但是在意义解释的自明性上也不能相提并论。譬如,对于几面出土于同一个考古遗址的宋代青铜镜,哪怕将它们置入被生产、交易买卖或者日常使用的重构情景之中,也不能苛求普通观众一下子就明白它们的功能和意义。虽然相比于简单摆出来的方式,场景中的物不那么沉默了,但展品本身还是没有真正开口说话,其他关联物或视觉材料也不能直接传达常规信息,观众对于这些历史文物的具体意义的理解,还是需要借助日常生活中熟悉的显性符号与图像信息——展品标签、标题文字说明、影像、声讯等的帮助。

语境意义解释过程中自明性较低的特征,既源于物的信息内隐的属性,也是语境意义产生过程中关联物的制约,以及意义依附于不可转换的物质载体这两个特征导致的结果。这样的特征要求博物馆在建构物的新语境时,不仅要思考怎样的语境适合物的意义表达,还要努力寻找各种提高物的意义自明性的途径。在博物馆空间中,这些途径不止包括作为文字语言的符号信息,也涵盖了作为视觉语言的色彩、材质、光影、位置、比例等设计语言。关于这一点会在本书的第六章详细论述。

总体而言,物的语境与言语沟通语境、文学文本语境之间存在三个重要区别(见表 3-1)。从制约意义的语境要素看,言语或文本的含义受到"关联言语"或"关联文本"的限定,而物的语境的要素中包含了物质实体,对象的意义很大程度受到"关联实物"的制约;从意义显现载体看,虽然言语、文本与物都依托于物质载体显现出意义,但对于言语或文本来说,载体的转换并不改变其意义内涵,而物的意义依附于不可转换的载体。由于物的语境的意义深藏于物质深处,因此与另两类语境相比,其意义理解的自明性较低。

表 3-1   博物馆物的语境与其他语境类型的特征比较

	物的语境	言语沟通语境	文学文本语境
意义制约要素	关联的实物	关联的言语	关联的文本
意义显现载体	不可转换的物质载体	可转换的物质载体	可转换的物质载体
意义理解自明性	低自明性	高自明性	高自明性

二、尺度与维度

在伊恩·霍德(Ian Hodder)看来,物的语境就像一张依附于物的无形的关联网络(network of connections),限定着物的特定意义的产生,也制约着人们怎么去认识与理解物的特定含义①。作为关联网络的语境,连接着不同的个体、人群、物件和许多自然与社会环境要素。那么,这些要素之间的逻辑关系是怎样的,物的语境之网呈现出怎样的结构?

(一)立足尺度:宏观语境与微观语境

苏珊·皮尔斯(Susan Pearce)与伊万·卡普(Ivan Karp)等学者认为,物的语境是由宏观语境(macro context)和微观语境(micro context)构成的。在苏珊·皮尔斯看来,"任何物都存在于其他物品和所处景观构成的位置关系中,这些关系构成了物的语境。研究这些语境对解读物的功能和角色十分关键。……语境可分为'微观语境',包括了物的周围环境中的自然物、人工物、碎片物的详细信息,以及'宏观语境',包括这件物所来源的建筑、定居点、教堂区域以及本地的人文景观等信息"②。伊万·卡普将语境区分为小语境(small context)和大语境(big context)。他认为:"物总是处于一个集群,即语境……语境塑造与定义了物的意义……物的小语境指的是其所处的具体场合,比如埋藏单位、家庭环境、生产作坊等;物也有大语境,指的是物所处的区域性自然与人文环境。"③两位学者的具体表述有所不同,但本质思路却异曲同工。他们都着眼于语境之网的"尺度"大小,通过区分不同范围的层级来理解语境的结构。

---

① [英]伊恩·霍德. 阅读过去:当代考古学阐释的方法[M]. 徐坚,译. 长沙:岳麓书社,2005:160-161.
② Pearce S. Thinking about Things[A]. Interpreting Objects and Collections[M]. London:Routledge,1994:125-132.
③ Karp I, Kratz C A. Collecting, Exhibiting, and Interpreting:Museums as Mediators and Midwives of Meaning[J]. Museum Anthropology,2014,37(1):51-65.

　　基于这样的语境结构认识，学者们深入探讨了"宏观语境范围"的问题。皮尔斯、卡普等将宏观语境的范围限定在"物所处的区域性自然与人文环境"。这一点不难理解，对物的形态、风格与功能影响最直接、最强烈的往往是生产与使用物的区域环境。比如，一件唐代越窑青瓷器，通常是由生活在浙东地区的工匠们，基于当地开采的瓷土资源，通过浙东一带的龙窑烧制技术生产制作出来的，并在做造型、绘纹饰、控火温等环节注入窑工的审美情趣与价值观念。这件越窑青瓷器之所以在外观、造型、工艺、寓意等方面都区别于北方的白瓷，最根本的原因就是它们处于不同的区域地理和人文环境。然而，也有学者持不同意见。比如尤·布鲁克纳（Uwe R. Brückner）认为，宏观语境的范围不应只是局限于某个地理、行政或文化区域，而应包含更广泛的跨地理的、跨文化的环境，因为"在全球化发展的趋势下，即便是区域性的议题，有时候也会受到跨区域事件的强烈影响"[①]。

　　笔者认为，无论是区域环境，还是跨区域甚至是全球环境，都可以作为物的宏观语境，两者并不冲突，只需根据具体的解读目标选择不同的语境尺度。如果解读目标是探寻藏品的地域文化特征，那么聚焦在特定时空和区域的宏观语境就足够了。如果目标是探寻藏品背后更加复杂的社会文化图景，尤其是和不同区域文化之间的交流方式时，那么在更广阔的跨省、跨国乃至全球化的视野下去解读藏品显然更有意义。

　　那么，应如何界定"宏观语境"和"微观语境"的边界呢？遗憾的是，在博物馆学领域，对于这一问题还未形成系统深入的论述。令人惊喜的是，在这一问题上，文学和艺术学领域的一些学者提出了颇具参考性的观点。例如，徐杰认为可以"将文学创作与阅读的'具体行为'作为不同语境尺度的边界"。他将作者、读者、批评家、文体形式及传播媒介等与创作与阅读的具体行为有关的语境要素，归入"文学情景语境"，而相对抽象的文化传统、思维方式、社会价值观等纳入"社会文化语境"中[②]。再如，孙晓霞在分析艺术语境时，以创

　　① Brückner U R, Greci L. Eurovision-Museums Exhibiting Europe（EMEE）：Translation of Perspectives. Scenography-a Sketchbook[M]. Wien：edition mono,2016.
　　② 徐杰. 文学语境研究[D]. 杭州：浙江大学,2012.

作、销售与鉴赏艺术品的"生产和使用过程"作为边界,来区分艺术品的"情景语境"和"宏观语境"①。借鉴上述观点,我们可将关联人群及其环境作为区分物的"宏观语境"与"微观语境"的重要指标——直接参与物的生产、使用、消费、废弃等行为的个人与小群体,及其所处的情景环境或场合,构成了物的微观语境,而相对抽象的国家、民族或阶层等大群体,及其所属的宏观自然与社会环境,构成物的宏观语境。

立足"尺度"的语境结构认识,有助于启迪博物馆人借助语境工具,在不同范围的认知视野下研究、揭示与阐释物的内涵。这一方面极大程度拓宽了藏品研究和展览阐释的眼界,使展品解读突破一时一地的局限,有利于吸收和呈现跨学科的新思想和新观点;另一方面也有利于深入解析与呈现藏品的各种细节,为开发更多层次、更丰富多元、更具个性的博物馆文化产品提供更多的可能性。

(二)着眼维度:多个知识领域或社会门类

关于物的语境结构,还存在另一种重要的认识——物的语境是由社会的、经济的、政治的、文化的、宗教的、技术的等不同面向的多元维度构成的。这种着眼于"维度"的语境结构认识以埃尔米尼亚·佩德雷蒂(Erminia Pedretti)、萨芬内斯-阿玛尔·纳吉布(Saphinaz-Amal Naguib)与伊万·贾诺赛克(Ivo Janousek)等为代表。佩德雷蒂在分析科学博物馆的藏品时指出,"藏品的意义是由特定时空下社会的、经济的、政治的、技术的等等多个维度(dimensions)所构成的语境所决定的……在政治的维度下,即使是科学藏品也能体现出政治的影响……在技术的维度下,人们倾向于从技术创新的视角给藏品更多关注"②。纳吉布从历史学、考古学与民族志博物馆的藏品出发,将物的语境界定为"物理环境、生活方式、社会结构和实践、宗教制度和信仰、技术工程"等多个方面(aspect)组成的整体环境,"……当博物馆在不同方面

① 孙晓霞. 从混沌到有序[D]. 北京:中国艺术研究院,2009.
② Pedretti E. T. Kuhn Meets T. Rex: Critical Conversations and New Directions in Science Centres and Science Museums[J]. Studies in Science Education,2002,37(1):12-13.

的环境中研究藏品,藏品的价值会呈现出不同的特点"①。在贾诺赛克看来,无论是"维度"还是"方面",其本质上都是"社会生活领域(fields of social life)或知识领域(fields of knowledge)"。在物的"生命史"过程中,任何与物相关的行为和思想,都"必然落在由一个或多个生活领域或知识领域拼出的宏大系统中……并在这个系统中获得相对确定的意义"。

在这里,每一个联系着特定知识领域或社会生活领域的语境维度,实际上构成了认识和解释物的意义的特定"视角"(perspective)。基于"维度"的语境结构认识,将启发博物馆人在多元学科和领域的视角下开展藏品的解读与阐释,同时,更主动地突破传统视角的局限,在更新颖的视角下呈现藏品的价值。在此基础上,博物馆既可形成更全面、更深入的藏品价值解读,也能为公众提供更具整体性、更富创意与个性的文化体验。

(三)物的语境结构

尽管前述学者分别探讨了基于"尺度"和"维度"的语境结构认识,但真正深入阐述它们两者关系的文献还非常稀少。这种状况一直持续到 2018 年才有了新的进展。这一年由芬兰博物馆协会发布的《分析意义》(*Analyzing Significance*)②一书中,首次将语境结构的"尺度"和"维度"整合在一起。在这本"旨在为北欧地区的博物馆藏品意义解读提供规范程序与操作方法"的指南中,作者强调"语境化"(contextualization)是揭示藏品意义的重要环节,并认为藏品的语境"是分层的",可以区分为"个别—特定语境"(individual-specific contexts)与"广泛语境"(extensive contexts)。前者由"与藏品紧密相关的因素组成,如时间、地点、行动者和其他对象";后者通常包括"影响藏品的文化、历史、政治、技术、意识形态等各种自然与人文环境因素"。剖析"个别—特定语境",本质是在回答"这件物有什么故事"的问题,可以帮助博物馆探索特定情景下物的使用功能与象征意义;探索"广泛语境",实际是在回答

① Naguib S. The Aesthetics of Otherness in Museums of Cultural History[J]. Tidsskrift for kulturforskning,2004,3(4):5-21.
② Hayha H,Jantunen S., Paaskoski L. Analysing Significance[EB/OL][2021-09-10]. https://www. museoliitto. fi/doc/verkkojulkaisut/AnalysingSignificance. pdf.

"这件物和什么宏观事件、主题故事有关"的问题,重点探究物背后历史脉络与重要事件。

　　不难看出,"个别—特定语境"和"广泛语境"恰好对应"微观语境"和"宏观语境",反映出"尺度"取向的结构思路。"广泛语境"中的"文化、历史、政治、技术、意识形态等各种自然与人文环境因素"恰好对应"维度"取向的结构思路。在这里,不同尺度范围的语境视野构成了语境结构的主干,而多种维度的语境视角只体现在宏观语境的层面。就这样,两种结构思路得以整合在一起。

　　兼具"尺度"与"维度"的语境结构,有望为博物馆人的语境化阐释提供更加丰富、更具操作性的"工具箱"——在围绕藏品开展研究与传播时,既可以从尺度大小的角度,也可以从多元维度的方向去梳理语境之网,进而探索藏品的全方位内涵;更重要的是,策展人能基于这些认识,在策划选题、框架构建、展品组合时,探索尺度与尺度、尺度与维度、维度与维度的新组合,进而实现多种可能的"再语境化",为"文物活起来"提供多种新思路与新方法。然而,《分析意义》这本书所建立的语境结构,并未对语境要素的具体含义做深入剖析,更没有对不同尺度、维度之间的关系做出必要的阐释说明。在这种情况下,我们就还不能说真正透彻理解了物的语境结构,也不能说真正准备好了语境化阐释的"工具箱"。鉴于此,笔者尝试对物的语境结构作出更加详尽的解释,并探索构建反映语境结构关系的图示模型。

　　笔者认为,物的语境由微观语境和宏观语境组成。微观语境对应着微观层面的物的生产、流通、使用、储存与展示等各个环节的具体关联环境。在"关联人群"的要素上,包括生产者、交易者、使用/消费者与支配/拥有者等。其中,使用/消费者与支配/拥有者的内涵,根据物的实际状态有所不同——在被收藏之前,是指在日常领域中的关联人群,如购买者、使用者、消耗者等,以及私人收藏者等;物被收藏、研究与展示时,支配/拥有者是指藏品管理者、研究者与策展者,而使用/消费者是作为文化消费方的观众。在微观语境的"关联物"要素方面,包括了配合使用的其他制品以及共存关系下的其他物质等——例如,同个埋藏环境下的遗存、同个库藏空间的邻近实物,或者同个展示空间的邻近实物展品与其他辅助展品等。

在这里,我们谈论更多的是博物馆物的一个类型:人工制品,包括考古遗物、历史文物、民俗物件等等。对于自然物,即岩石矿物、地层构造、动植物遗存、生物标本等而言,其关联人群和关联物的要素应怎样理解呢? 笔者认为,在被人类发现与研究之前,自然物的语境中并不包含关联人群的要素,只有关联物,比如同个地层单位内的岩石矿物、同个生态系统中的共生动植物等等。而当自然物被人类发现、研究与收藏之后,便落入了人类的意识范畴,成为人类理解与表征世界的对象,所以其语境中不止包含关联物,也包含关联人群的要素。由于都是博物馆机构研究、管理与展示的对象,因此在被博物馆收藏后,自然物的关联物和关联人群的语境要素与人工制品具有类似的内涵。

接下来是宏观语境。它由自然地理、政治、经济、文化、技术、观念等语境维度组成,涵盖自然与人文的各个知识领域、社会生活领域,以及物质生产与精神创造等范畴。每个语境维度不同程度地影响着具体情景下物与人的互动,从而使物产生特定的意义。对于自然物来说,在被博物馆收藏与利用之前,其宏观语境就是自然地理环境,包含气候、水文、土壤、地质运动、生态位关系等因素;被博物馆收藏与利用之后,作为知识生产的对象、知识传播的载体,便会与人工制品一样,受到博物馆人所处的政治体制、社会关系、文化观念、经济环境、道德观念等宏观语境的制约。

正如一个社会生活领域可细分出诸多小领域,一个语境维度也不是固定不变的,可拆分出许多更加细致的考察视角。罗杰·西尔弗斯通(Roger Silverstone)以一辆汽车的内涵解读为例说明了这一点。在特定历史时期的社会、经济、政治等语境下,一辆汽车承载着多样化的文化意义。比如,作为身份象征的汽车,作为商品的汽车,作为国家形象的汽车等。在每个语境维度之下解析其内涵,还能继续解读出更多角度的文化意义。比如,单从经济的语境维度切入,就能整理出"汽车与家庭经济的关系,汽车与社会阶层的联系,还有汽车所折射的国际贸易体系等含义"①。这里的家庭经济、社会阶层、

---

① Museums as Spaces of the Present:The Case for Social Scenography[M]//Macdonald S, Leahy H R (eds.),The International Handbooks of Museum Studies. New York:John Wiley & Sons, Ltd,2013:349-369.

国家贸易等就是经济贸易的语境维度下的细分维度,构成了制约与解释汽车的物质文化的不同视角。

如图 3-1 所示,物的语境呈现为两种尺度、多种维度的结构。其中,物是语境的对象,所有关联的人和物的要素围绕它展开。在物与生产者、交易者、使用/消费者、支配/拥有者等人的要素和关联物要素的互动中,微观语境得以建构。在物的具体生产、使用与流通情境的边界之外的语境,便是宏观语境。

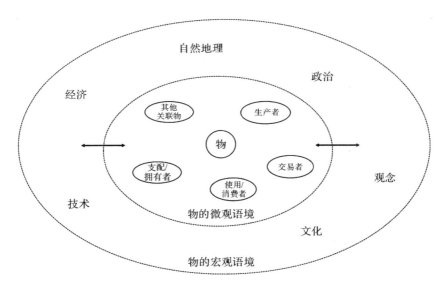

图 3-1　物 的 语 境 的 结 构

在这两种尺度的语境共同作用下,物的主要意义才得以生成。具体而言,宏观语境中一个或某几个关联性较强的语境维度,影响着人的动机、思想与行为,渗透在人与人的组织或对抗关系,人与物的互动方式,以及关联物的匹配、组合与共存方式中,最终传达到具体的物,产生某些特定的含义。以良渚文化玉器的选材与制作过程为例。在微观语境下,良渚玉工等关联人群,在燧石、钻孔工具、打磨工具等关联物的共同使用下制作一件玉器。在微观语境与物的互动中,生产者必然会将自身的情感和审美取向赋予玉器,因此,玉器必然会带有一定的个人化风格。但是,微观语境中人如何与物互动,也渗透着宏观语境的影响。来自浙江北部天目山的玉矿资源为玉器制作提供了必需的材料,在良渚社会的文化传统与审美观念的影响下,人们格外偏好质地细腻,含杂质和杂色较少,半透明的淡湖绿色或青绿色的软玉质料。良渚社会"王—贵族—平民"的社会结构与阶层分野的现实,让玉工的创作不只是工匠小群体的行为,而必须受到权力的约束,对王或贵族的授意言听计从。弥漫在良渚社会的宗教观念与族群信仰,又决定了玉工们琢刻的题材遵循着神人兽面纹、鸟纹等图腾信仰母题。最后,玉器的取材、切割、打磨、琢刻与抛光等一系列工序,也只能建立在那个时代所能企及的技术范式的基础上。由此可见,宏观语境的各个维度,就这样悄无声息地渗透影响着微观语境中的要素内涵。表面上看是匠人亲手制作了精致的玉器,但本质是良渚社会的宏观语境和微观语境一起,借匠人之手,塑造出了我们今天看到的玉器面貌与意义内涵。

丹尼尔・米勒(Danial Miller)认为,一方面,人创造了物质世界;另一方面,物质世界反过来又塑造了特定的个人和社会群体,物质和人一样具有能动性(agency)①。因此,宏观语境、微观语境与物三者之间并不是简单的决定论,它们相互之间存在着复杂的张力。正因如此,图中表现不同语境尺度之间关系的箭头也是双向的。这种语境之间、语境与物之间的双向性,同样在良渚玉器的物质文化中有所体现。就制作过程来看,尽管受到自然资源、社会结构、文化观念与技术范式等宏观语境的深远影响,但不能否认玉匠在寻求材质与技术改良方面的努力,以及某些玉器的个性化风格。此外,人们制造了不同形态、纹饰与组合的等级性玉礼器,这些承载着社会观念的物质也反过来界定着群体与个人的社会身份。以玉器随葬为例,不同规模与等级的玉器,以各种富有特定寓意的组合形式,安置在棺内的不同方位。等级观念与社会结构固然"操纵"着安葬仪式的内涵,但在此过程中,"王—贵族—平民"的阶层分野与等级观念也不断被维护、深化与巩固。

图中并没有特别标明时间与空间两个因素,但这并不意味着它们对语

---

① Miller D. Material Culture and Mass Consumption[M]. Oxford:Blackwell,1987:214.

境而言不重要,恰恰相反,时间与空间本质上融合在语境中,并始终伴随物的语境的产生与转变的全过程。当谈及"某物的语境"时,通常是在特定时间与空间的坐标下讲述的。因此在物的语境考察时,仍需非常重视这两类因素。语境的时间与空间,不单指承载着物的生命流转的自然时间与物理空间,也指代具有文化意义的文化时间、社会时间,或神圣空间、文化空间①等。比如仪式与表演类的非物质文化遗产,往往只会在特定的时节与区域发生。

三、常见的语境形态

由于物是不断流动的,因此物的语境也是持续开放与变化的。为此,我们还应在动态的视野下开展语境的考察,这样才能更系统、准确地把握其本体内涵。在物的生产、交易、使用、储存与展示等多个生命史阶段中,其语境都会产生变化。其中,"入藏"与"入展"这两个节点尤其值得关注。因为前者伴随着"去语境化"的现象,左右着博物馆物的存在状态和利用前提;而后者集中体现"再语境化"的过程,决定着博物馆物的阐释方向与利用效果。这两个节点将物的生命史划分出"日常流通""入藏管理"与"展示传播"三个先后衔接的片段,相应地构建出"原生语境""藏品语境"与"展览语境"三种语境类型。这些变动的不同的语境共享着同样的语境结构,但是语境要素的具体内涵与互动关系发生了剧烈变动,并产生了物的意义属性和信息内涵的巨大差别。

(一)原生语境

原生语境(original context)涵盖了博物馆物进入博物馆之前的漫长生命史,它并不特指某个具体时段或时刻,所有关系到物的意义生成与变迁的不同阶段的关联网络,都可以成为这一概念的子集。一般来说,人工制品的原

---

① 刘晓春.从"民俗"到"语境中的民俗"——中国民俗学研究的范式转换[J].民俗研究,2009(2):5-35.

生语境主要落在日常生活范畴中物的生产、交换、使用、储存与废弃的生命周期上。对于动植物物种、矿物岩石与化石等自然物来说，其原生语境则体现在生成、发展与消亡的自然过程之中。

原生语境的覆盖范围与物被收藏和利用的节点息息相关。如果从物的诞生之时为起点，以藏品语境为终点，不同物品的经历往往有巨大差异。最短的路径是"生产（原生语境）—藏品语境"，意味着物品刚被创造出来就被博物馆选中入藏。对于许多历史文物、考古遗物等，则可能经过"生产—短暂储存—使用—再短暂储存—藏品语境"这样比较复杂的路径。原生语境覆盖的范围不同，物所蕴含的文化意义也会有差异，这是在语境视野下考察物的内涵时需要注意的。

在原生语境下，物的功能与角色伴随着生产、交换、使用、废弃等活动而不断地瓦解与重建。在此过程中，其见证的自然现象与人类活动，被赋予的情感和意义，会重重叠加起来。不同的关联人群在不同原生语境中留下的使用痕迹，雕琢过的纹理，累积起的包浆，都在沧桑岁月中留存了一部分信息。长此以往，物仍旧是那个物，但其沧桑的生命历程，却像海绵一样吸纳着不断增加的相关信息，并以内隐的累积方式，富集出许多关系着特定人、物与环境的丰富的历史信息，潜藏着被研究、传承与利用的诸多价值。

在原生语境变迁中形成的历史信息，由表及里可区分出四个层次。首先是"物质层"，也就是造型、材质、符号、图像等方面的信息。借助原生语境所定位的时空与物人关系，我们能初步了解这件物是在什么情况下制作的，采用这样的材质和造型，描绘如此风格的图像可能出于怎样的目的。其次是"行为层"，也就是原生语境下关联人群在生产、使用、消费、储存物的行为中产生的信息，如生产信息、使用信息、功能信息、藏迁信息、象征信息等。这类信息光依靠肉眼观察无法很好地认识，只能在原生语境的微观层面才能分析把握。再次是"制度层"，这类信息的本质是潜藏在人与物的互动行为、物与物的关系背后的宏观自然环境机制、社会文化机制等，比如与物相关的自然变迁、社会结构、经济贸易、文化传统、生活方式、技术范式等等信息。最后是"价值层"，触及与物相关的人群的精神层面，包括了观念与信仰、情感与记忆、个人化的精神世界，以及民族、团体、社会的意识形态等（见表3-2）。

表 3-2 原生语境下物的信息层次及内涵

信息层次	具体内涵
物质	造型、材质、符号、图像等信息
行为	生产信息、使用信息、功能信息、藏迁信息、象征信息等
制度	自然环境机制、社会文化机制
价值	观念与信仰、情感与记忆、意识形态等

原生语境下物的意义的生成、储存、叠加与富集,让每一件博物馆物几乎都拥有苏珊·皮尔斯所说的"将过去的'真实'带入当下的'现实'的潜力"[1]。这些在原生语境中生成与积累的物质、行为、制度、价值,使物获得了超越物质功能的精神内涵,这也是它们作为博物馆研究对象的根本依据,成为博物馆"讲故事"的核心素材库与信息源泉,也是博物馆物的语境化阐释必须追溯与考察的对象。

(二)藏品语境

原生语境使物积累起丰富的信息以及精神内涵,这也使得物在提供实用功能之外,也对人类的情感世界产生了作用,进而改变人类对它们的态度。而当人们与物产生了情感上的联系后,物的功能就得以改变,被赋予某种精神或者文化的价值。当人类在物中发现了这些特殊价值或意义,这种情感和价值的判断便会导致人类开展一种独特的行为:将物从其所处的现实时间和空间中分离出来,妥善地呵护并传递给后世。这样的行为被统称为"收藏",在博物馆领域,收藏是以公共机构为主体开展的。博物馆在进行收藏行为时,"物"得以从"原生语境"进入"藏品语境"而转变为"博物馆物"。博物馆物的藏品语境始于入藏,止于展览,库藏空间是其主要范围。在关联人群的要素上,保管者、研究者与策展者等取代了原先的制造者、交易者、消费者与使

---

① Pearce S. Museums, Objects, and Collections: A Cultural Study [M]. Leicester: Leicester University Press,1992:109-115.

用/支配者,物也被转化为人们研究与利用的对象。在关联物的要素上,藏品语境与原生语境相比也发生了巨大变化。当博物馆物从原生语境中剥离出来时,由于观念或技术的原因,那些与之配合使用,或共栖共存的其他关联物不一定能跟随同往。辗转至博物馆库房的物,得到鉴定、分类、编目与建档后,将会被安排在相近的学科类别、材质品种或风格流派的藏品群之中。藏品语境下,彼此邻近的"关联物"往往来自不同的时空语境,不再具有现实世界中的匹配与共存关系,而是进入博物馆的收藏体系,作为"系统化的知识体系"①的一部分而存在。

由于脱离了原生语境下的时空坐标和功能场景,物的行为、制度和价值等层面的信息不可避免地减损与流失。由此,每一件刚入藏的博物馆物,仿佛是一个暂时凝固的"价值元点"②。当然,这个价值元点是极其短暂的,从物进入藏品语境的范畴,被博物馆贴上第一个标签开始,博物馆人便开始了对其进行知识生产与价值建构的历程。这种生产与建构究竟会朝着怎样的方向发展,侧重探索哪些方面的信息,在哪些角度下进行知识生产,强调突显对哪些人群的价值,很大程度取决于藏品语境的宏观层面——社会思潮、政治意识形态、知识理念和学术范式等。比如,在欧洲中心主义、进化论等社会思潮,以及类型学的知识范式下,一方西方博物馆相信全世界各个族群的物质文化发展都遵循"原始—先进"的轨迹,因此会按照外观和功能的相似性去收集不同文化的物件,对其进行分类、排序与研究。在这样的藏品语境下,藏品所承载的体现不同族群适应其环境的生存智慧和技术就很少得到研究,人们更侧重揭示其与西方文明的差异特征,借以彰显西方文明的先进性。而在当代中国,博物馆藏品作为文化遗产的核心构成,被视为中华优秀传统文化、革命文化与社会主义先进文化的载体,作为文化自信的重要源泉。这样的社会思潮、意识形态所构成的当代中国博物馆的藏品语境,很大程度影响着藏品的知识生产和价值构建的方向。在此语境下,收藏和研究的核心目标是挖掘

---

① Maroevic I. Introduction to Museology: the European Approach [M]. Munich: Verlag Dr. Christian Müller-Straten, 1998: 184-186.

② 郑茜. 意义还原与价值传播——博物馆藏品实现沟通的两个向度 [J]. 中国博物馆, 2014(3): 24-28.

藏品蕴含的优秀传统文化价值和民族精神,进而为中华民族伟大复兴提供磅礴的精神力量。在研究范式上,通常需要采取跨学科方法,多方位挖掘藏品的价值内涵,并重视研究成果的转化与传播,"让文物活起来"。

在藏品语境下,博物馆物的信息和价值主要通过对原生语境的追溯与探索而来。对于博物馆物的信息与价值的研究深度与广度,很大程度决定了博物馆价值传播的质量与效应。揭示出多维度内涵的博物馆物,往往能有更多的机会参与到面向公众的传播中,在阐释工作中的传播价值也会越大。今天,尽管已有不少博物馆人意识到可以从物的关联网络的一个或几个维度切入,探索藏品入藏前的生命史信息,但是由于缺乏对博物馆物的语境特征与结构的充分认识,许多人不太清楚原生语境下物的意义能够追溯与探析的方向与角度,因而在内涵解读的全面性与系统性上仍有很大的进步空间。探索多维度、多方位揭示博物馆物的信息和价值的研究方法,是后文会重点探析的内容。

（三）展览语境

当博物馆物被选中,从库藏空间移入展示空间,就意味着它又经历了一次重大的生命路径转折,迎接它的关联网络是展览语境。这个语境最引人瞩目的变化是,博物馆物被调度到了一个更广阔的公共场域中,与形形色色的观众相遇。在这样的变化下,展览语境下的博物馆物的属性发生了新的改变,不再是单一的被研究对象,而是附着上特定的展示意图或教育目的,从"藏品"转变为"展品",一方面作为现实的象征与转喻,即"所见证的现实的替代品"①,比如,作为一个历史证据、一个物种的模范,或者代表一段历史时期、一种风格流派等;另一方面也成为观众与过去沟通的智识理解与情感体验的传播媒介。由于帮助观众理解博物馆物意义的阐释过程,主要发生在展览环境中,进入展览语境的"再语境化"实践会非常强烈地影响阐释效果,所以展览语境也是思考与实践语境化阐释方法的核心阶段。

与前两个语境类型相比,展览语境在语境要素内涵上产生了一些明显的

① ［法］安德烈·德瓦雷,方斯瓦·梅黑斯.博物馆学关键概念［M］.张婉真,译.ICOM,2010.

变化。在关联人群要素上，由于制作团队在留下设定好的位置布局、组合关系与解释内容之后便退场了，所以展览语境下博物馆物的人的语境要素，不再是现实生活中的研究者或策展人，而是展览营建出的特定主题或历史时空下，与博物馆物相关的历史事件或社会现象当中的不同个体与人群。

关联物的语境要素也发生了很大的变化。首先是关联物的属性。在原生语境与藏品语境下，"真实物"（real thing）的特质贯彻始终。一件物的关联物要么是在现实场景中匹配、同栖与共存的其他真实物，要么是同一个分类体系下的其他真实物。然而在展览语境中，除了在以欣赏与审美为诉求的"精品展"中，真实物仍是关联展品体系中唯一的主角之外，在一些以揭示社会记忆与自然、文化现象为目标的信息定位型展览中，实物展品已不再是唯一的展示要素。根据传播目的的需要制作出的雕像、模型、场景、视频等辅助展品，成为再现记忆与现象的重要载体，也在展览中扮演着必不可少的角色。

其次，在展览语境下，关联物组合的灵活度较高，可能性也更多。原生语境下的物，如果处于相对稳定的环境，其伴生物、配套物等一般也会比较稳定，除非发生新的语境变化，博物馆物必须承担起新的使用或表意功能时，才有可能更换匹配的关联物。出于保护、管理与研究的目的，藏品语境下的博物馆物通常一直停留在相对固定的材质属性、学科门类、地理区域或风格流派等分类体系之下，变动性也很弱。但是在展览语境中，只要有足够的实体空间，就存在许多关联物的组合可能。从宏观层面看，财政投入、政治导向、社会思潮、博物馆观念等语境因素都会影响到博物馆在构建作为公共文化产品的展览时的学术立场、传播意图和传播方式；从微观层面看，在不同主题的展览中，在同一展览的不同框架位置中，同一件博物馆物的关联物对象可以是不同材质、类型的，关联物的排列与组合的具体形式也是非常多样的。

上述两种语境要素内涵的变化，意味着博物馆物进入展览语境，被"再语境化"的可能性也是非常多样的，物最终在展览语境中呈现出怎样的具体内涵，有着巨大的弹性空间。然而，这些丰富的释义可能性并不都具有较好的阐释与传播效果。

特定语境的意义传达，是从展览语境的意义转变为观众理解的意义的过程，通常是先由语境制约的信息与观众个人情境（personal context）中的先前知识、经验与观念相联系,然后被观众主体认知框架所吸收,最后"语境化"为自己所理解的意义。丹·斯珀伯(Dan Sperber)的"相关性理论"(relevant theory)表明,当语境的信息与认知者背景知识的相关性程度越高,认知者的"再语境化"难度也会越小,"语境化效果"(contextual effect)才会越好。然而,在展览语境中,认知者(观众)层面的"再语境化"难度却达到了新高度。这是由如下几个因素导致的:首先,展览语境的对象是实物,并以展厅空间、展项组合的方式呈现,导致语境被解读的效率比较低。作为解读对象的实物,其信息内隐于物质外壳之中,本身就不是那么容易被理解;展厅空间和展项组合的语境呈现方式,导致观众必须在行走和站立的交替运动中理解语境,相对于静坐阅读、观看等方式,这无疑是一个更加不契合日常认知习惯,以及更加耗费体能的认知过程[①]。在这样的情况下,展览语境被观众留意、关注并理解的概率和效率相对比较低下。其次,由于展示意图是多种多样的,而展览语境下关联物组合又是高灵活性的,那么一件博物馆物究竟被放在展览框架的什么位置中,以怎样的方式与其他博物馆物、展示材料组合在一起的可能性也是多样的,但观众的背景知识和先前经验是比较单一的,这种矛盾也导致观众不容易理解展览语境。最后,展览语境通过人为的建筑空间、艺术空间、叙事空间的构建,压缩和改变了现实社会中的时间和空间的组织肌理,制造出许多的陌生感、神圣感、疏离感、超然感,这也就造成展览语境和日常生活经验的断裂,使观众"再语境化"的难度陡然加大。

为实现物与人之间的沟通与阐释,我们当然希望为博物馆物建构出的展览语境的理解难度相对较低。然而,在诸多"再语境化"的可能性中,具备这种特质的展览语境有哪些? 又该如何建构?

---

① 严建强.在博物馆里学习:博物馆观众认知特征及传播策略初探[J].东南文化,2017(4):93-101.

第四章　方法探究：
语境化阐释如何开展？

　　进入展览语境的博物馆物，存在着诸多"再语境化"的可能。有的展览语境可能对普通观众十分友好，比较通俗易懂，富有感染力与启发性；也有的展览语境"拒人于千里之外"，观众只感受到展览现场的视觉氛围，在认知层面上没有太大的收获。那么，究竟哪些"再语境化"方式有助于物的意义阐释，有利于促进物与人的信息沟通呢？只有明确界定有助阐释的语境化类型，才能为语境化阐释方法的制定提供清晰的目标与导向。为稳定地实现与高效地运用这些有助阐释的语境化类型，语境化阐释方法在理论视野、工作思路上应具有怎样的特点？这种方法在什么情况下适用，存在哪些局限性？本章通过对"再语境化"类型的区分与筛选，以及分析语境化阐释方法的理论视野与工作特点，使"物的语境"从本体论延伸到方法学，为妥善应对"去语境化"以及全面开展"再语境化"提供理论方向。

一、有益阐释的"再语境化"类型

　　为使物的意义能被作为认知主体的观众以难度较低的方式吸收与内化，展览语境和物的意义呈现就不能对普通观众造成太大的挑战，更需要一定程度关联其知识背景、日常经验与行为习惯等。然而，由于物的展览语境是通过空间和视觉等多种因素体现的，参观走线、展品布局、设计美学、文字说明等，都会或多或少影响"再语境化"的方向与效果。如果针对每一种因素都去区分不同的"再语境化"方式，再从中筛选有助阐释的类型，这种平均发力的思路不仅将带来难以想象的工作量，而且由于变量太多，最终呈现的语境化类型也会标准不一，难以整合为清晰统一的理论类型。这种情况下，很难为语境化阐释提供确切可行的展示目标。

目前，已经有学者认识到了这样的问题，并探索了一条具有可操作性的思路。以丹·斯波克（Dan Spock）为代表的学者们认为，尽管"再语境化"的方向与效果，受到展览中很多因素的影响，但影响最直接有效的，还是展品组群的视觉形象与信息内涵。他们以此作为比较和筛选语境化类型的突破点，详细区分出了多种语境化类型，并对其阐释效果做了初步的比较。受此启发，笔者优化了筛选方法，最终得出三种有助阐释的语境化类型。

（一）"语境连续体"

在美国明尼苏达历史学会（Minnesota Historical Society）数十个展览建设的实践中，丹·斯波克逐渐认识到"博物馆展示设计避不开语境化方向的选择"，这种选择对"博物馆的阐释目标至关重要"。在他看来，"语境化的方向核心取决于展览（exhibit）或展品组群（object groups）对于原生语境的仿效程度"以及"带给观众的沉浸感受"。以此为切入点，语境化方式可以做出明确的排序，并勾勒出一条"沿着高语境（high-context）到低语境（low-context）的'语境连续体'（contextual continuum）曲线"[1]。

在语境连续体的最高点，矗立着露天博物馆、民俗生活博物馆。这种语境化方式的特点是，"参观者可以（尽可能）完全沉浸于逼真的空间情境中"。例如，参观博物馆的人看到的黄油，"实际上是搅拌黄油的过程中制作的，而不是假冒的放在瓶子里"。在这些博物馆中，物件往往和原生态的语境摆置的几乎一样，也基本没有人工设置的栅栏或舞台，以免破坏沉浸的效果。

沿着语境连续体往下，相对低一级的是生境群、生活群和时代室等情景再现的方式。这些项目依然具备高度的视觉性，但沉浸感有所下降。还原真实现象的场景被护栏或玻璃窗隔开，解说牌也提醒着观众，这些场景是刻意构建的观察对象。搅拌器和炉膛是真实情境下的组合，而抓住搅拌器的不再是动态的真人，而是静态的人体模型。斯波克认为，这些语境化方式"帮助我们以高度视觉和经验性的方式，向我们展示物品原来的时间和地点是什么样

① Spock D. Museum Exhibition Tradecraft：Not an Art，but an Art to It[M]//The International Handbooks of Museum Studies. New Jersey：John Wiley & Sons，Ltd，2015：386-390.

子，以此来想象过去。它们具有广泛的可理解性"。他将这两类语境化方式视为"高语境"（high-context）的典型。

在语境连续体更下端的位置，可以发现古典艺术博物馆和传统的历史文物展览的身影。在这些语境化方式中，展品通常表现为"脱离语境"的状态，解释信息很简短，仅限于制作商的名称、日期、材料和产地。换句话说，这种展示方式的语境是通过展示标签来提供的。再往下走，是当代艺术博物馆青睐的"白盒子"展览风格。物的区隔摆放是常规操作，文字说明也被取消殆尽，因而彻底剥离了原生语境的任何信息。这些语境化方式，被斯波克归为"低语境"的典型代表。

斯波克认为，沿着语境连续体越往下，展览形式就越精简，对观众的先前知识储备的要求就越高，相应地，也意味着越强烈的排他性，观众的认知效果也往往随之下降①。

将展览或展品组群的视觉形象与信息内涵作为不同语境化方式的比较指标，进而区分与筛选"再语境化"类型的方法，一方面体现出关联物对于物的语境性质的关键作用，另一方面又充分考虑到博物馆视觉传达的特点。此外，采用连续变化的曲线思维，而不是"语境化展示"与"美学化展示"这种二分法，有利于细分出更多的语境化方式，从而为有助阐释的语境化类型的筛选提供更多的样本。与此同时，将相似的语境化方式归总为不同的类别，并推出各个类别的代表模式或案例。这样不仅可以避免对同类型语境化方式没有意义的穷举，也为策展人选择不同的语境建构方向提供了明确的参照。

不过，"语境连续体"的比较和筛选方法还存在一些缺陷。首先是比较单位不统一。不难发现，这里既有展览与展品组合方式之间的比较，也有特定展项与展品群的对比，比较单位的变换不一无法得出令人信服的结论。其次，比较样本也不够全面，特别是未对展品组合方式给出更细致的区分。虽然这一思路认识到了过渡地带的存在，但是在"高语境"到"低语境"的转换中，直接从高拟真度的情景再现，跳到了孤立式的分隔摆置，中间省略了关于

---

① Spock D. Museum Exhibition Tradecraft：Not an Art，but an Art to It[M]//The International Handbooks of Museum Studies. New Jersey：John Wiley & Sons，Ltd，2015：388.

展品如何组合的诸多方式。这就会导致语境化方式的对比样本量不足,很有可能遗漏某些有助阐释的语境化方式。

我们可从以下几方面改进这一方法。首先,将最能体现展览语境性质的"展品组群"作为比较的统一单位。这里说的展品组群,指的是由若干实物或辅助展品及匹配解释组成的展品团块,对于策展人而言,是博物馆阐释或叙述的基本单位;对于观众来说,一个展品组群也往往是一个观察焦点下肉眼可及的展览内容,是每一次观察、听读与互动的主要对象。以此为统一的比较单位,更能清晰地体现出物的不同语境化方向,也更契合日常工作的基本经验。在此需要特别解释的是,将物置于展览框架的特定位置,也是影响展览语境建构的重要途径,那么为什么只以展品组群为比较单位,而不是展览框架呢?这一方面是因为,对于博物馆物而言,若干展品的组合与配套解释,已经足以形成决定其具体意义面向的展览语境;另一方面,一个展览或一个单元内往往不只存在一种语境化方式,基于展览或单元层面的比较也很难操作。当然,这并不是说语境化展示只体现在展品组群,只是说这个层面最能集中突显语境化特征,也更容易开展比较。事实上,任何展品组群都不会孤立存在,它所包含的配套解释,比如标题与文字、辅助解读信息等,与所处的层级框架是紧密相关的,在比较展品组群的过程中也会涉及上层框架的内容。总体来看,展品组群既包含"关联物"这个语境的核心要素,又含有视觉语言的特征,同时还涉及展览框架的内容,因此作为区分和比较不同语境化方式的指标,是相对合适的。

接下来,我们还需对展品组群的组织方式做出更精细的划分,并结合物的语境本体内涵,区分出相应的语境化类型。理论上,一件物可以和任何材质、器型、意义内涵、时空、体量与规模的实物与辅助展品组合匹配。而决定展览语境的不同性质的因素,包括这件物与其他展品之间在原生语境上的交集情况,以及这件物与其他展品之间在原生语境的时间与空间上的联系情况。综合这两个因素的不同关联情况,我们可以在常见的展品组群方式中,区分出 3 个理解难度相对较低,且具有不同性质的语境化类型。它们构成了语境化阐释的展示目标。

（二）同时空同微观语境

第一类可称为"同时空同微观语境"的语境化类型。"去语境化"导致了物与日常生活的分离，使"物—关联物—关联人群"的有机整体碎片化。这种再语境化方式，本质是通过感官化与形象化地恢复历史坐标下物与关联物、关联人群之间的有机联系，营造出易于辨识的形象，进而为观众理解物所关联的现象提供可感、可及的观察平台[①]，促使观众理解物的功能与意义。在展品间的时空关系上，各展品的原情景时空较为接近或一致。这里的情景时空指的是物的不同微观语境所处的时间与空间，包括了物被生产、交换、使用时的具体时空。在语境交集关系上，展品之间共享相同的微观语境。相应地，在与原生语境的关系上，展品与展品组群的内涵基于其藏前生命史信息，展品组群的视觉形象指涉原生语境中的某个情景现象。斯波克所说的"高语境"的展示方式，如露天博物馆的原状陈列、情景再现的生境群、生活群、年代屋等，便属于这一语境化类型，它们从 20 世纪初开始流行[②]，至今在许多博物馆中仍有应用。

这种语境化类型的展品组群，至少能分出四个细分类型：

1. 将建筑与内部环境整体移入博物馆内的"生态单元"或露天博物馆的布置方式（见本书第一章第二节的"斯堪森露天博物馆"与第三节里维埃尔的"生态单元"）。

2. 以辅助装置和展品为主的生境群、生活群等情景再现（见本书第一章第一节相关内容）。比如，不同尺度（等比、放大、微缩）的实体场景；再如，虚拟影像与实体场景结合的幻影成像（景）等。

3. 以实物展品为主，结合辅助展品的生境群、生活群等情景再现。例如，浙江台州博物馆民俗展厅在表现山区人民"伐薪烧炭"的生产生活方式时，不仅为砍柴工具配置了一个剪影人模型，还设置了一个反映烧炭情景的微缩模型，从而使生产工具重新回归使用情境（见图 4-1）。

---

① Tunnicliffe S D, Scheersoi A. Natural History Dioramas: History, Construction and Educational Role [M]. London: Springer, 2014: 10-13.

② Pearce S. Museums, Objects, and Collections: A Cultural Study [M]. Leicester: Leicester University Press, 1992: 109-115.

图 4-1　浙江台州博物馆民俗厅"伐薪烧炭"展区

来源:作者拍摄

4. 通过实物展品的空间位置与关系,重现物与物原本的使用、功能等关系的情态化展示(见本书第一章第二节相关内容)。这样的展示方式早在 20 世纪 60 年代的法国就有使用,里维埃尔在陈列爵士乐器具时,将乐器按照原本演奏时的配合关系挂置出来,悬挂展品的尼龙线藏在暗处,展品之间产生静中蕴动的情境,观众虽然看不到物背后的人,但却仿佛能感受音乐家的表演[1](见图 4-2)。在陈红京[2]、严建强[3]等看来,情态化展示是一种充分体现博物馆"陈列语言"的方式,物获得了自我表达的能力,而观众仅依靠观察就能联想出物的使用意义,同时又能享受独特而含蓄的视觉美感。

---

① De la Rocha Mille R. Museums Without Walls:The Museology of Georges Henri Rivière[D]. PhD diss.,City University London,2011:130.

② 陈红京.陈列语言的符号学解析[C]//复旦大学文物与博物馆学系.文化遗产研究集刊 1.上海:上海古籍出版社,2000:79-80.

③ 严建强.论博物馆的传播与学习[J].东南文化,2009(6):100-105.

图 4-2　挂置在使用情境中的爵士乐器展示(右为里维埃尔)
来源:欧洲和地中海文明博物馆

(三)同时空同语境维度

第二类可称为"同时空同语境维度"的再语境化类型。这种类型并不是对某个情景现象的视觉再现,而是展品之间基于某一时期的历史主题或社会现象之间的相似性/相关性而聚集在一起。在展品间的时空关系上,各展品的原宏观时空(时间上,某个历史朝代,如明代,或某个特殊时期,如第二次世界大战等;空间上,行政地域、文化地域或自然地域)比较接近或一致;在语境交集关系上,展品之间并不处于同一微观语境,但在宏观语境上至少共享一个语境维度。单件展品与展品组群的信息内涵均基于原生语境的生命史信息,不过展品组群的视觉形象看不出对原生语境某个情景的明确指涉。

例如,在荷兰莱顿古物博物馆"语境下的希腊"(Greeks in Context)展览中,策展人将绘有不同主题图案的古希腊时期的陶瓶分别嵌入"战争""体育游戏""神话"等小组下,为每一组陶瓶配置解说文字,并在展板底图中使用了相应生活主题的图案元素(见图 4-3)。反映这一时期不同历史现象的陶瓶聚集在不同的标题之下,它们所蕴含的与这一宏观语境维度相关的意义便被揭示出来。

图 4-3　荷兰莱顿古物博物馆"语境下的希腊"展览

来源:作者拍摄

如果说前一类语境化类型是"具象与情景"的,这一类很显然不直接指涉具体的情景形象,而是超越具像的逻辑关系的提炼与表达,因而是抽象与逻辑的语境化阐释。尽管在视觉性与直观性上不如第一类语境化类型,但这类再语境化也通过明确的历史时空定位,表现展品所处的历史主题或文化现象。与没有这样做之前相比,让物被更好地理解了。

(四)异时空同语境维度

第三类展品组群所体现的再语境化类型也是抽象与逻辑的,可称为"异时空同语境维度"。在展品间的时空关系上,既缺乏情景时空的联系,也不处于同一宏观时空——可能是同一宏观地域,却是不同时段,也可能来自完全不同的时间与地域。在语境的交集关系上,展品间并不处于同一微观语境,但宏观语境上至少共享一个语境维度。此类展品组群的再语境化思路并不像前两类那样,将展品重置于某个特定的时空坐标下,揭示其在原生语境下的事实和信息,而是通过对不同时空的展品的并置与比较,激发观众对跨时代、跨地域之间相似社会文化现象的联想与思考。

阿姆斯特丹博物馆“世界—城市”(World-City)展览中就多次运用了这类语境化方式。该展览旨在通过“移民流动”“市民认同与城市印象”“战争与罪行”“宗教文化”等跨越不同历史时期的主题,揭示阿姆斯特丹的城市品格。在“移民流动”单元,“寻找幸福”的小组中,反映17世纪从外省前来定居阿姆斯特丹的基督教信徒,20世纪出走西班牙的阿姆斯特丹籍贯的足球运动员,21世纪定居阿姆斯特丹的叙利亚难民的绘画作品、日用器具、摄影图像等展品被集聚在一个展示空间内(见图4-4)。展品之间的材质、形态与空间关系看起来都没什么关联,但全部交集于“移民文化”这个宏观语境维度上。通过将异时空的物品并置在一起,在感官与认知上塑造出强烈的反差,吸引观众静心沉思这些展品的共同主题。

图4-4　荷兰阿姆斯特丹博物馆“世界—城市”展览

来源:作者拍摄

这种语境化思路突破了将物件重置于历史坐标下的常规的历史语境化(historical contextualization)①的方式,富有强烈的当下性与建构性。它并不只是对物的"去语境化"之前真实时空的简单照搬,而是经过了策展人的思考、提炼,是逻辑与抽象层面联系之后的产物。相较于前两类语境化类型,这类在国内展览中并不常见。尽管这种语境化方式并没有重建物的时空坐标,但是让脱离原生语境的博物馆物,放回到与其生命史信息相符的某个主题下,为观众提供了特定的认知脉络,也一定程度能促进物与人的沟通。

上述三类展品组群也可以看作"语境化展示"集合内的细分类型。对应到"语境连续体"上,"同时空同微观语境"显然是"高语境"的代表,而"同时空同语境维度"与"异时空同语境维度"则可能落在"高语境"与"低语境"之间的过渡地带。"美学化展示"则更多对应着"低语境"的区间。总的来说,相对于低语境的展示方式,这三种语境化类型对于一般观众的认知和理解难度相对较低,可以成为语境化阐释的展示目标。

二、语境化阐释的思路与特点

事实上,上述三种展品组群在中国博物馆展陈中已经或多或少地实践着,但是却很少有人从理论高度去分析和总结实现这些语境化类型的具体方法。如果一直停留在经验层面,那么这些有助阐释的语境化方式将不可持续,更难以发挥语境理念在博物馆展示传播上的潜力。鉴于此,本书尝试剖析建构与运用这些语境化方式的思路、过程与方法。这些在本质上构成了"语境化阐释"作为方法论的主要内涵。

在本书第一章中已经指出,"阐释"是一种建立在对"物"的深入理解基础上,联系"人"的认知经验,采用多种"媒介技术"缩短物与人的认知距离的传播过程。由此可见,阐释工作涉及博物馆业务工作的两大环节:藏品研究与展示传播。作为方法论的语境化阐释也必然涉及这两个环节。在语境化阐

---

① Savenije G M,De Bruijn P. Historical Empathy in a Museum:Uniting Contextualisation and Emotional Engagement[J]. International Journal of Heritage Studies,2017:1-14.

释中，藏品研究本质上是"阐释准备"，是一个在物的原生语境的生命史信息中提取阐释资源的过程；展示传播可视为"阐释过程"，本质是一个将原生语境下的生命史信息尽量以观众易于理解的语境化关联的方式体现出来的过程。那么，当阐释工作在语境视野下开展，藏品研究与展示传播在目标、视野、思路与方式上会呈现怎样的特点呢？

（一）研究视野：动态性与整体观

在语境理念下，藏品研究的视野会呈现出两个新的特点：动态性与整体观。所谓"动态性"，是指研究者需关注与探索博物馆物入藏之前的漫长生命史，包括原生语境下，物所历经的生产、交换、使用、储存与废弃等各个环节中，物在特定人群中所扮演的角色，所承载的使用性与表意性信息，以及其见证的重要瞬间、人群记忆与关键历史转折等①。所谓"整体性"，指的是在特定时空的语境下，对于关联性意义网络结构的整体性把握，包括微观与宏观的语境尺度区分，微观语境下具体的人与关联物要素内涵的判断，宏观语境中对于物的意义生成影响较强的若干语境维度的判断与分析等。

伯纳德·赫尔曼（Bernard Herman）曾提出两种物质文化研究方法的经典论述——聚焦于物本身的"以物为中心的方法"（object-centered approaches），以及将物作为理解人与社会的媒介的"以物为驱动的方法"（object-driven approaches）。在赫尔曼看来，"以物为中心"的研究重点是物本身的物质性（materiality），关注物的物理属性与制作材质，外部形态、质地与重量，以及设计风格等；"以物为驱动"的重点是"探索物如何与制造和使用它们的人民和文化相关联"，通过考察不同时间与空间的社会与人文关系，让物像一面镜子，"反映出创造它们的人的价值观或信仰"②。立足语境的研究视野无疑是"以物为驱动"的，藏品的物质性和类型学不是讨论的核心，藏品曾经的社会关系网络，以及藏品所折射出的特定人群的行为、制度与精神观念才是这种研究模式最关心的内容。

---

① Gurian E H. What Is the Object of This Exercise? A Meandering Exploration of the Many Meanings of Objects in Museums[J]. Daedalus,1999,128(3):163-183.
② Herman B L. The Stolen House[M]. Charlottesville: University Press of Virginia,1992:55-65.

(二)研究过程:有规划地持续研究

语境主义的历史阐释学理论指出,世界的现实及其中人们的行为经历与过去之间具有某种"可穿越性"。同时,对于过去历史的阐释需要将事物重置当下人们所生活和经历的族群认同性语境之中,通过"唤醒"或"重新体验"过去时代族群所共同经历的方法来加以重构①。鉴于物的语境是庞大而复杂的自然与社会关系网络,当代人"穿越"过去"重新体验"的研究行动必须持续多次,否则仅靠一两次研究,很难做到尽可能充分覆盖。因此,理想状态下,只要条件允许,就应持续地开展立足语境的藏品研究,不断获得关于藏品的新认识。

德国哲学家汉斯-格奥尔格·伽达默尔(Hans-Georg Gadamer)曾以"视域融合"(fusion of horizons)的理论剖析历史文本的语境化解读过程,指出开展多次语境化解读的必要性。他认为,在解释过去语境之下的历史文本意义时,解读主体往往携带着受到当下语境影响形成的解读视域,并与解读对象所在的历史视域之间发生交叉,在解释者的社会与理论语境,与解释对象的历史和文化语境之间反复磨合,融合出新的视域,生成全新的、混合的意义。一次融合形成的新视域,构建的文本意义,往往只能局部反映文本的内涵。融合需要周而复始地循环展开,主体应携带着新视域投身到解读对象之中,与其历史视域继续融合,这样才能获得对解读对象更全面的认识②。

虽然"视域融合"理论是针对历史文本展开的,但是后来也被借鉴至物质文化研究领域并提供了很好的借鉴。比如伊恩·霍德就引用这一理论作为语境化解读考古材料的认识论框架③。对博物馆物的语境化研究来说,视域融合的过程主要发生在部分(物的微观语境)与整体(物的宏观语境)、过去(物的历史语境)与现在(解读者的现实社会和理论语境)的往复运动中。通

① 邓京力.语境与历史之间——作为解释模式与方法论前提的历史语境理论[J].天津社会科学,2013(2):126-134.
② [德]汉斯-格奥尔格·伽达默尔.哲学解释学[M].夏镇平,宋建平,译.上海:上海译文出版社,2004:65.
③ [英]伊恩·霍德.阅读过去:当代考古学阐释的方法[M].徐坚,译.长沙:岳麓书社,2005:160-169.

过不断的融合与积累,研究者就能更深入全面地解读出复杂网络下的物的生命史信息。

不过,必须指出的是,虽然在哲学认识论上多次开展基于语境的藏品研究有其必要性,但在实际操作时,无穷无尽的分析必然是不现实的。因此,博物馆需在关联网络的整体认识下,结合宏观的理念与目标,同时立足博物馆具体的人、财、物等资源条件,设定好可行性计划,从而一步步接近与达成更完善的目标。在研究过程中,徘徊或止步于某个历史阶段、某个语境维度或语境尺度是正常现象。但止步只是计划中的暂停策略,而不是无意识、无所谓的终止。目前国内许多博物馆的藏品研究实践中,常常出现只关注物的特定使用情境的孤立个案,对于案例背后的自然、社会与文化宏观背景浅尝辄止;或者只从一个宏观语境维度切入剖析物的内涵,而忽视其他领域的解析视角;又或者只看到物的普遍性一面,而对其来源与藏迁变化的特殊性的漠视等现象。不能说这些研究没有涉及"在整体中看问题"的类似语境的理念,但本质上依然缺乏对于语境网络的全局性认识,至多是"涉及语境思维的研究",而不能说是真正的基于语境的藏品研究。

(三)研究成果:关联网络下的意义总结

基于语境的藏品研究的阶段性成果,需描述出藏品与广阔社会或具体现象之间的联系,包括藏品的时间与空间信息,某些语境维度下物的主要功能、角色和属性,或是特定人群中的象征意义与情感价值等等。结合物的信息层次看,造型、材质、符号、图像等有关物的本体与结构的信息并不是基于语境视野的研究重点,"行为"(生产信息、使用信息、功能信息、藏迁信息、关联信息、象征信息等)、"制度"(宏观自然环境机制、社会文化机制,如与物相关的自然变迁、社会结构、经济贸易、文化传统、生活方式、技术范式等)与"价值"(观念与信仰、情感与记忆、个人化的精神世界,以及民族、团体、社会的意识形态)层面的信息,才是研究结论中需要重点呈现的。

当藏品研究体现出上述研究视野、研究过程与成果呈现的特点,博物馆物的原生语境下生命史信息便有可能得到全方位揭示,为物在展览中的语境化阐释和传播奠定重要基础。

（四）资源到框架:立足整体视野,提示语境关联

实现展示传播的前提,是撰写一个主题鲜明、内容充实的展陈文本大纲。这是一个将藏品资源、历史文化资源、文献资源等整合到一定的展览主题、框架与展示设定的工作文本的过程。在这个从"资源"到"框架"的环节中,秉持语境视野的策展团队在工作思路和方式会有以下两大特点:

第一,在物的关联网络的视野下进行资源的梳理与转化。具体而言,在拿到藏品清单,以及对博物馆主题或展览主题相关的历史文化资源有所了解后,策展团队往往需要进行"双向匹配"的工作——一方面分析藏品(群)可以被发掘出哪些语境维度或什么具体情境下的信息,另一方面剖析历史文献、不可移动遗产、非物质文化遗产、民间口碑等历史文化资源中涉及哪些和藏品(群)相关的语境维度或具体情境,然后将有可能整合连接的语境关系提取出来。这些语境关系成为传播者揭示展品语境,进而阐释文化意义的关键所在。

第二,策展团队会将展览主题和框架作为提示物的语境关系的重要工具。一般在提炼展览主题时,通常会判断主题能否准确地反映藏品群的特征和个性,是否一定程度反映出博物馆的性质和宗旨;在设置单元、小节与小组等层级框架时,通常要评估展览内容组织的形式逻辑是否严密,是否契合普通观众的认知习惯;最后,再考虑说明文字是否精炼、传神等。展览建设过程中的语境化阐释也会考虑上述问题,但除此之外,还会充分利用主题与框架的提示功能,构思如何通过它们全面深入地揭示展品与原生语境的关系。正如在讨论"同时空同语境维度"与"异时空同语境维度"时所指出的,物的语境仅仅凭借展品组群还不能清晰地体现,还需要借助展示主题的提示,以及对应层级框架的辅助说明。因此,主题与框架是揭示展品原生语境的重要工具。这也意味着,语境视野下的策展过程中,还必须"额外"关心展示主题、单元、小节与小组等能否恰如其分地体现出物与不同维度或不同尺度的语境关系。具体到工作中,策展团队需要判断哪些展品与展品组群需要提示语境信息,并在需要提示的相应层级框架的标题与文字上做好说明和引导。

（五）藏品到展品：基于语境关系的展品组织

如何选择合适的展品来支持相应的主题、内容与观点，也是策展中非常重要的一个环节。由于关联物在物的展览语境建构中的重要性，基于语境视野的策展活动需要非常重视展品组群的选择、搭建与阐释。

首先，这种重视体现在对展品组群这种展陈方式的强调与坚持。由于展品之间的疏离很容易打破语境的有机整体性，因此博物馆需要非常重视经营展品之间的空间、概念、形式等方面的呼应关系。同时，在组织展品组群的工作思路上，也需立足展品的语境分析，基于展品之间的语境交集关系去组合实物展品、配置辅助展品或者补充征集新藏品。

其次，对展品组群的重视还体现在博物馆策展人应在策划、设计与实施的全流程中，充分参与展品组群的选择与搭建，以保障最终呈现的语境与策展人预想的总体一致。由于展品的空间位置、对应关系、构成内容的细微差异，很可能也会引发展览语境面貌的改变，以及展品内涵呈现面向的变化，从而可能导致展品的阐释违背预先设定的传播目的。为尽量避免这种情况，在具体的工作方式上，展品组群的建构不只是某一个环节或某一个人的工作，而必须是贯穿策划、设计与实施的全流程，这样才能比较充分地实现语境化阐释的预期效果。比如，内容设计人员除了在文本大纲撰写时构思展品组群构成方式外，在设计与布展环节，最好也要参与到讨论中，与设计师一起商讨构建符合认知与传播要求的展品排列与组合方式。

（六）文本到空间：关注语境关系的空间转换

通过展示设计与布展实施，文本大纲、空间规划、参观走线、展品布局等得以落实到展厅空间中。这是一个从"文本"与"图纸"到"空间"的转化过程。在这个环节中，立足语境视野的策展与设计团队将更多着眼于展品的语境关系网络的跨媒介转换，提高与观众认知的对接契合度。

在藏品研究和文本编撰阶段，物与物之间、物与主题和框架之间的语境关联主要停留在文字或观念中。当文本内容向展览空间转化后，物的语境便经历了从"文字符号的意义网络"到"空间与视觉的意义网络"的转变。由于信息的媒介载体与认知方式的彻底改变，让原本在字里行间或观念中很清晰的关联性意义,在转换到实体空间的过程中会面临诸多挑战——在展览空间中,形态各异、体量不一、属性不同的展品分布在空间中,往往呈现出相对独立与静态的状态;展览中的观众通过站立与行走的交替行动认知展品与内容,这种高度自主的信息接受方式使得观众不容易自觉体会到展品的各类关联性含义[1]。为使物的语境和观众情境紧密连接,策展与设计团队应熟悉博物馆空间中观众认知的特点与机制,对参观走线与展品组群的位置关系,展品组群之间的空间关系,展品组群内部的展品之间的位置关系等进行精心地组织与经营,从而使展品的关联性意义网络在实体空间中被观众留意、体会与理解。

当展览建设的环节依照上述工作思路与方式展开,博物馆更有可能常态、高效地为展品建构起前述的三种再语境化类型的展品组群,并在展览语境中体现出展品与其所在的广阔社会或具体现象之间的多重联系。

三、语境化阐释的适用性与局限性

任何方法都有其适用范围,语境化阐释也不例外。在博物馆工作中,语境化阐释的运用并不是一个必选项。有没有必要运用,运用的可行性,往往取决于具体展览及展项的目标,以及藏品资源的特点。

(一)权衡目标与难度

探讨语境化阐释的出发点,是为了解决物的"去语境化"带来的历史信息大量流失,阻碍观众学习与理解,从而掣肘博物馆展览传播使命的问题。倘若"去语境化"的后果不足以构成对展览目标或使命的妨碍,那么在这些博物馆或展览的工作中,语境化阐释便是不必要运用的。

这种情况一般发生在古典艺术或现当代艺术博物馆中。这些博物馆的核心使命往往是传达艺术魅力与培养审美品位,激发观众对藏品美学的自由探索与感悟,而藏品资源本身非常适合作为美学教育/欣赏的视觉材料,在这种情况下,展览中过多联系物的自然、社会与文化语境的阐释举动,反而会显

———————————
[1]　许捷.故事的力量——博物馆叙事展览的结构与建构[M].杭州:浙江大学出版社,2021:21.

得有些多余，令观众分心。让物继续保持在"去语境化"的状态，虽然使观众无法详细了解藏品产生的社会环境状况，但这并不妨碍传达艺术魅力与培养审美品位的使命——由于绘画、雕塑、书法等艺术品的线条、纹理、色彩等美学特征突出，在不了解创作背景与源流谱系的情况下，观众依然可以饶有兴致地参观，人与物之间仍然可以开展"美学"层面的对话。

然而，在人文历史博物馆、纪念馆、遗址博物馆、民俗文化博物馆与自然科学博物馆等类型的博物馆中，语境化阐释就会成为一个大概率的选择项。从博物馆使命看，这些博物馆往往需要收藏与某地域、行业或人群相关的社会文化记忆，并解读与传播物背后的现象、知识与价值。从藏品资源看，历史文物、考古遗物、自然标本、民俗物件等，大部分都缺乏显性的图像与符号信息，自明性比较一般，此外，相较于专门创作的艺术品，其审美价值也存在差距。在这些博物馆中，如果策展人坚持"让物自己说话"，就必然导致自明性本就不强的物品，继续以"去语境化"的状态出现在观众面前。面对看不懂，又不好看的展品，观众很难逗留，导致传播效益欠佳。这样的策略不仅是对那些渴望学习与理解的观众的"不负责"，也"辜负"了具有丰富内涵的文化遗产，没有很好地履行传播文化知识、构建文化记忆、增强文化自信的使命。

当然，在上述博物馆的具体传播工作中，语境化阐释的运用不一定要机械地运用于博物馆的所有展览与展项，而应灵活地结合博物馆展厅与展项的差异化布局。如果在常设陈列中，已经在语境理念下系统阐明了博物馆主题，深入阐释了重点馆藏的内涵，那么在临时展览中，即使不以知识传播为目标，不以促进物与人的信息交流和对话为宗旨，也不能说它违背了博物馆的宏观使命，很可能是出于不同展厅差异化定位的考虑。对于这些试图更换"口味"的展览而言，强行要求运用语境化阐释也是不合适的。

另外，语境化阐释也不一定运用到整个展览的所有展项中。因为有些展项的设置就是出于审美与欣赏的目的，或者刻意营造出陌生化的观感来激发观众的兴趣与思考，抑或是用来调节参观的节奏与韵律而无需表现太深入的内容。在秉持这些展示意图的展项中，可以只在研究环节对物展开语境化研究，而在展览语境中，继续让物保留在"去语境化"的状态，以"美学化展示"的策略去呈现实物展品。

适用性的分析不仅要考虑博物馆或展览的具体目标，也要结合语境化阐释的可行性与操作难度。有些情况下,虽然语境化阐释的运用有助于实现博物馆的传播目的,但实际开展的难度特别高,那么也需要仔细斟酌是否有必要运用。由于语境化阐释的信息基础是原生语境下物的生命史信息,因此,决定其运用难度和可行性的主要因素,是原生语境的信息记录或保存状况。这主要包括藏品的来源与流转信息的记录,原生语境的现实留存情况,共存物与伴生物的记录或保存状态,以及历史文献的记录详略情况等。这些信息记录或保存情况,很大程度影响着语境化阐释能否开展以及具体的阐释深度。一般来说,年代越晚近,关于原生语境的线索会更丰富,语境信息的记录或查找也更容易,因此,反映近现代人物或事件的革命纪念类藏品,反映传统民间生活的非物质文化遗产,反映生物多样性与自然环境的藏品资源等,在语境化阐释的难度上会比历史文物、考古材料、古生物或古地质标本以及相应主题的展览更低一些。不过,对于年代久远的藏品,如果其来源地或遗址保存得比较完整,或者相关的历史信息、关联物内涵被记录得相对周全,也同样可以考虑运用语境化阐释。然而,对于一些无论来源还是流转信息都未有效记录,原生语境线索也完全丢失且没有探寻可能的藏品而言,无论其年代是久远还是晚近,无论是什么主题与类型,都不适合语境化阐释。

总体而言,博物馆使命和具体的展览、展项的传播目的,以及藏品资源本身的自明性和审美价值高低,决定了需不需要运用语境化阐释。藏品资源的原生语境信息情况,则影响着这种方法的可行性高低。当博物馆使命与展览目标对于教育和沟通的需求越大,博物馆物的审美价值和自明性越低,且物本身的信息完整程度或研究基础越好,语境线索存在一定的发展可能,语境化阐释的运用就是有必要的也是可行的。

(二)反思主观性局限

适用性的分析明确了在什么情况下适合采用语境化阐释,然而我们还需正视这一方法潜在的局限性,并在具体实践中充分反思与积极改善。

语境视野下的藏品研究打开了藏品意义解读的多种可能,基于语境的展览阐释让展品通过组合化与可视化呈现。这些阐释过程必然带给策展人更大的解释权力、更多的解释可能,同时也带给观众更直观强烈的认知影响。随着解释空间的变大,策展人的主观性因素也将更深刻地渗透在博物馆业务中。这种用以建构过去的概念、理论或思路，可称之为"主体思想性语境"，是主体自身的历史观、世界观、人生观、宗教与哲学观念等思想层面的意识结构内容①。这种主观性的存在是客观的，任何阐释活动都伴随着主观性的介入。它的存在也不是坏事，事实上正是由于主观性的作用，策展人才可能在具体的研究过程中建构起各种阐释、理解和理念的表达，别出心裁的选题立意与引人入胜的叙事线索才有可能形成。然而，问题的关键在于策展人能否使主观性判断与事实和逻辑尽可能统一。如果策展人基于其价值倾向、学术判断等做出的阐释行动能较好地契合事实与逻辑，能较广泛地包容多元人群的声音，那么语境化阐释所带来的认知框架和体验效果，将与此相得益彰，共振出非常积极的传播效应。然而，如果策展人的价值倾向、判断能力、学术修为、职业伦理等不够成熟与包容，其基于主观性做出的阐释将很有可能违背事实与逻辑，出现较大的错误导向，比如价值观偏颇、视角固化、产生刻板印象等。在这样的情况下，语境化阐释所具有的直观性与感染性的特点，反而会放大这些弊端，进而容易引发许多批评与争议。

面对这样的局限性，在语境化阐释的实践环节中，博物馆应在客观承认主观性无法摒除的基础上，积极探索降低主观性影响，增强阐释的客观性与包容性的策略。

首先，在收藏与研究时，要尽可能让藏品背后的不同人群的记忆都得到记录与体现，从而使藏品意义的解释权与更多的利益相关群体挂钩。

其次，在展览阐释时，应注意讲述观点的口吻和语气，尽量减少主观性概念（比如"左右""敌方""我方"等），而尽可能使用客观概念（比如"东西""A方""B方"等）。在阐释时遇到颇具争议性的内容时，要么尽可能规避这一议题，等观点明晰之后再做展示，要么尽量呈现差异化的多种观点。此外，在制作情景再现时，为避免固化视角和刻板印象，在有条件的情况下，博物馆团队应尽量真实呈现展项的制作与讨论过程。

最后，当主观性判断错误导致社会争议甚至博物馆公关危机时，博物馆应迅速出面澄清，及时修改不当之处。2018年，美国自然历史博物馆一处反

---

① 邓京力.语境与历史之间——作为解释模式与方法论前提的历史语境理论[J].天津社会科学,2013(2):126-134.

映 Lenape 土著族群的生活群展示陆续受到一些历史学家的批评,认为这一场景中对西方殖民者与 Lenape 族人的沟通方式,以及 Lenape 族人的妇女生活等存在严重的误导——土著与殖民者在室内沟通,而非在室外,这有违他们的人际交往礼仪;背景画中的妇女从事着一些比较低贱的体力劳作,但其实她们的族群社会地位较高,因此不应被如此刻画。在了解原委后,美国自然历史博物馆迅速在场景的玻璃窗上增添了"重新思考这个场景"的文字说明(见图 4-5)。通过当代视角的重新解释,纠正了原场景中一些错误的刻板印象。

图 4-5　美国自然历史博物馆 Lenape 土著的生活群展示
来源:美国自然历史博物馆官网

　　语境化阐释的局限性与积极作用是相伴而生的,说明局限性也是为了提醒人们在看到这一方法的功效的同时,也要意识到其内在的矛盾,否则其运用效果也会打折扣。矛盾并不是不可调和的,在运用语境化阐释解决现实问题的过程中,我们应妥善处理矛盾,尽量发掘出其积极有益的一面。

第五章　保存关联网络：
语境视野下的收藏策略

尽管语境化阐释主要发生在研究和展示两个工作环节，但是决定阐释深度与广度的藏品的物质基础和信息基础，却是在收藏环节就初步奠定了——在这个"去语境化"发生的时刻，能否及时全面记录原生语境的相关信息，成为语境化阐释的前提和基础。鉴于此，开展语境化阐释的具体实践，必须首先回溯至收藏环节，通过恰当手段及时记录原生语境的信息线索，并构建起基于原生语境关系的收藏群，尽可能减少"去语境化"导致的信息流失，为后续的语境化阐释奠定良好的工作基础。在语境视野下，博物馆收藏体系的本质不止是"物质集合"，还是"社会关系集合"，为此，"保存与物具有语境联系的一切有价值的物品与记忆"需成为博物馆收藏工作的重要导向。由于博物馆物的语境的核心要素是特定时空下的"关联物"和"关联人群"，本章从收藏关联物和联系关联人群两个途径出发，探讨在"保存语境之网"的理念下，博物馆在收藏体系建设过程中需要遵循的基本原则，以及可考虑运用的具体策略。

一、聚焦关联物件：建立基于语境关系的系统收藏群

当博物馆人以"社会关系集合"的理念重新审视博物馆物，他们便好像戴上了"透视眼镜"，在原本孤立、静止与单一的物质实体表面，开始笼罩起物与物、物与人、物与社会之间的关联网络。如此，博物馆在开展收藏工作时，将不只关注作为孤立形态、终端状态与物质样态存在的物品，而会主动拓宽收藏视野，将一件与收藏对象有语境关系的其他物件，也尽量纳入相应主题的收藏群中，形成有机、系统的收藏整体。为实现这样的收藏思路和目标，需要坚持关系性与系统性两个原则。

(一)关系性

关系性原则是语境视野下博物馆收藏活动的核心思路之一。在这种原则下,待收藏的对象与已有收藏群之间,以及待收藏的对象之间能否产生"语境关系"连接,便成为收藏活动的核心取向,以及判断能否入藏的关键标准。这里的"语境关系"既可以是微观层面的,也可以是宏观层面的。

当博物馆着眼于微观层面的语境关系,就要重视收藏微观语境中紧密相关的其他关联物。例如,在收集一件物品时,不仅关注其制成的终端形态,还可将其生产过程的一系列产物,如原料、半成品、工具等囊括其中。再如,在权衡是否要入藏一件物品时,也应超越其孤立状态,仔细评估这件藏品能否填补原有收藏系列、器物组合的空缺。若仍有余力,除了收集有形的关联物,还可将同微观语境下的无形关联信息——比如伴随着生产动作的声音(如:劳动号子、劳作声效),动物的鸣叫声等等也完整地采集进来。这些关联信息并不是严格意义上的"物",但它们的存在,对于直观形象地说明物的语境,揭示语境中的信息和意义也很有帮助。

当博物馆聚焦于宏观层面的语境关系,就需要努力收集或补充同语境维度的其他关联物。不论是开展新主题的收藏,还是补充已有的收藏体系,在收藏某些物品时,都要具备超越特定情境的意识,将收藏视野上升到更广阔的历史宏观时空的高度。最常见的,是将待收藏对象同一时期、同一地域,且与其存在某个语境维度交集的其他物品,也纳入收藏清单中。由于一件物品所处的语境维度是丰富多元的,来自不同学术背景、持有不同收藏目标的人们,在收藏过程中通常会根据自身需求,选定一个他们所理解的语境维度,作为物品进入收藏群的依据。因此,这里指的是收藏者心目中的主导性语境维度。比如对于一件宋代的磁州窑瓷器,收藏者既可以从瓷器本身的手工业产品属性切入,将其纳入"本地域宋代手工业"主题的收藏群中,与同时期的铜镜、首饰、刺绣等其他手工品汇聚在一起;也可以从瓷器的具体使用功能入手,将其纳入反映"本地宋代市民生活"的收藏群中,和酒器、餐具、家具等藏品收藏在一起。

当博物馆人在收藏工作中自觉贯彻这一原则,便可帮助改善博物馆收藏结构单一的现状,强化博物馆的独特个性。受传统金石学和古董收藏的影响,今天中国仍有一些博物馆存在着重古代、轻现代,重物质、轻民俗,重精英、轻大众的收藏取向,导致博物馆的藏品材质属性虽然较多,但文化内涵较为单一①。收藏结构的单一性,使得许多本该通过实物体系表征一个行业、一个地域、某些人群社会与文化记忆的博物馆难以履行其职责和使命。与此同时,当不同地域、不同类型的博物馆都形成趋同的收藏面貌,也很容易导致"千馆一面"的同质化问题。

当"语境关系"成为判断入藏与否的核心准则之一,就意味着,只要一件物品可在特定语境中透露出显著的文化意义,或者能很好地填补现有收藏群的结构空白,即使它不够精美好看,不是传统意义上经济价值与审美价值都很高的"古董",也可以得到重视并纳入收藏体系中。这将在理念层面促进改善当前国内收藏体系构成单一的面貌。与此同时,语境思维也将一定程度促进博物馆形成超越终端形态、孤立状态与物质样态的收藏视野,以及超越单一领域、面向多元维度的收藏理念,这些新的收藏视野和理念将促使博物馆从多个方向去扩充收藏体系。随着每个博物馆的收藏体系越来越全面,一个地区的博物馆与另一个地区的博物馆之间的差异性也会愈发显著,博物馆同质化的现象也会得到较大程度的改善。

（二）系统性

系统性原则是语境思维下收藏工作的另一个重要思路。这一原则用于判断收藏群是否在语境关系的纽带下,构成了相互协调的有机整体。如果说关系性原则关注的收藏活动的"过程",那么系统性原则则聚焦于收藏群建设的"结果"。对于博物馆收藏工作而言,"过程"与"结果"都非常重要:如果不重视收藏过程的方法,自然得不到理想的收藏结果,但如果只着眼于搜寻物件的过程,而不反思收藏群的性质与构成,将有可能使收藏工作漫无目的,很有可能导致成本的无端耗费,且无法为后续的研究、展示等利用活动提供针对性的展品资源。

一个收藏群是否构成了基于语境关系的有机整体,可以从收藏主题最终体现的属性,以及收藏群的整体与个体关系这两个角度来判断。首先,最终

---

① 严建强,邵晨卉.论收藏视域拓展对博物馆文化及展览的影响[J].博物院,2017(1):61-68.

形成的收藏主题,应是立足于藏品的文化意义层面,而不是材质属性或审美价值。具体来说,语境思维下组织起来的收藏群,可以是"一组反映某地域某个社会生活领域的藏品",也可以是"一系列反映某地域某时代的社会现象的藏品",或者"一组某时代某事件相关的藏品",但不会是"一组某时代青铜器""一组某时代玉器"等基于材质属性的主题,以及"一组某时代艺术精品"等只着眼于藏品外观和品相的主题。这是因为,当物品被按照材质属性或者审美品相来组织排列时,物与物之间只存在外观层面的相似关联,而缺乏内涵层面的有机联系。其次,在收藏群的整体与单个收藏对象的关系上,收藏群的价值并不只是体现为单个物件的简单累加,构成收藏群的每个物件都应反映出明确的主题性,收藏群的特质也在各个藏品之间的语境关系之中体现出来。每一件藏品都是这组语境之网中的一个节点,所有藏品共同支撑起一个语境主题的收藏体系。

　　系统性原则有助于强化博物馆收藏的主题性与人文性,对后续的藏品利用工作形成有力支持。当博物馆在物从"原生语境"到"藏品语境"的"去语境化"环节中及时介入并详细记录相关语境信息,并基于语境关系组织收藏群,这就让博物馆得以更全面系统地保留物的语境之网,从而为藏品研究时追溯原生语境,开展内涵挖掘与价值提炼提供更充实的资料与更有用的线索。更重要的是,立足语境关系建立的系统性收藏群,往往具有更强大的主题性、叙事性和实证性,可为展示传播环节奠定很好的展品资源基础,增强展览的阐释与传播效益。今天的博物馆展览经常需要解读与展示一些复杂的自然或社会现象,为使这些抽象的现象更具可及性,就需要表现现象背后的因果关系、变化过程,以及整体与局部的关系等等。在现实中,很多博物馆的收藏不足以直接支持这样的目标。零散、单一的藏品缺乏联系,不仅给不出基于时间线索的变化过程,更难以形象地说明事物变化背后的因果关系,因此,这方面的工作很多是辅助展品(造型、多媒体、互动装置等)来完成的。然而,博物馆本质上还是基于实物的公共文化机构,如果过多借助辅助手段来解释现象,很可能会损害博物馆的权威性、真实性与信服力。借助基于语境关系的系统性收藏群,博物馆得以通过大量具有内在联系的实证性材料去佐证某些现象的时间联系、地域联系、变化关系、因果联系等,从而极大地提高博物馆"用物讲故事"的效果,并带来辅助展品所无法比拟的真实感和说服力。

系统的藏品群对于博物馆阐释的价值，在 2014 年荷兰文化遗产局出版的《评估博物馆藏品》(*Assessing Museum Collections*)中也得到反复强调。书中将组合价值(ensemble value)视为评估藏品价值高低的核心指标之一。书中写道："在考察一件藏品的意义时，不仅要关注其物质构造情况、来源变迁情况等，还要关注其'组合价值'——该藏品是否曾经隶属于一个集合体？藏品之间，藏品和档案之间，藏品和建筑、景观之间的关系如何？……请谨记，组合在一起的藏品远胜过'孤儿'藏品。"①

（三）结合收藏规划

作为博物馆的核心业务工作，收藏工作是一个长周期的耗时耗力的过程。在语境思维下，收藏视野迅速拓展，导致潜在收藏对象也急剧增多，客观上要求收藏工作有更庞大的人力、物力、财力的投入。然而，博物馆的征集经费和库房空间是有限的，特别是对于广大中小型博物馆来说。为此，从实际工作的角度看，关系性和系统性两个原则必须紧紧扎根于博物馆现有的藏品基础与实际条件，而不能盲目追求收藏体系的大而全。相应地，制定一个综合阐述为什么征集，征集什么，如何征集的收藏规划非常有必要。

在这方面，荷兰鹿特丹海事博物馆 2016—2020 年的收藏规划为如何在语境视野下制定收藏规划提供了很好的参考。全文由一个前言与七个章节组成（见表 5-1）。前言阐述了这所博物馆的核心使命，以及藏品利用的主要目标——"荷兰在 16 世纪的崛起，与海事的兴起息息相关。鹿特丹海事博物馆管理着一个独特而古老的国际顶级的海事主题收藏，我们期望通过继续优化藏品质量，开展交叉的、关联的科学研究，完善藏品的保存和管理，并依托现代媒体技术，让荷兰的公众可以更好地了解本国的历史和精神。"紧接着，站在国际比较的视野，前言又剖析了其馆藏特色、优势资源与弱项短板，并指出现有收藏在"反映荷兰海事技术、生活与文化面貌的系统性与广泛性上做得还不够"，在"藏品的'故事表现力'(narrative capacity)方面还有很大的欠缺"。为使得博物馆能更好地匹配鹿特丹这个世界级港口城市的文化软实

---

①　Cultural Heritage Agency. Assessing Museum Collections：Collection Valuation in Six Steps [EB/OL]〔2021-10-18〕. https://collectionstrust. org. uk/wp-content/uploads/2017/08/Assessing-Museum-Collections-Collection-valuation-in-six-steps. pdf.

力,为使博物馆能在世界三大公共海事博物馆中发挥出更强大的竞争力,特制定 2016—2020 年的"五年收藏计划"。

表 5-1　荷兰鹿特丹海事博物馆 2016—2020 年收藏规划

章节	标题
前言	前言
第一章	鹿特丹海事博物馆收藏政策历史回顾
第二章	组织结构和收藏政策——藏品部门、藏品分类、现有的收藏政策和工作方法
第三章	收藏政策——目标、标准、框架和程序
第四章	收藏——标准和方法
第五章	作为知识源的藏品——途径、注册登录、数字化与研究
第六章	保管和管理——方法与目标
第七章	财务——资助工作

来源:荷兰鹿特丹海事博物馆提供

第三章是收藏政策的核心部分,这里提出了 2020 年之前博物馆收藏建设的愿景。呼应前言提出的问题,这里重点讲述了如何去收集具有较强的"故事表现力"的物件。文中解释:"博物馆今天的展示任务越来越艰巨,其中一个重要的挑战是为目标观众'讲好故事'……这就需要在收藏中加强对那些语境信息丰富、具有很强的故事表现力的物品的关注……并依此形成系统性更强、代表性更广泛的收藏体系。"为此,博物馆列出了征集的具体主题,如"船舶与技术""海洋生态资源""海事企业家""甲板上的水手""海事文化(文学和艺术)""航运和迁徙""荷兰人的海洋认识"等。它们分别涉及船舶相关的技术、自然、经济、贸易、观念、艺术等语境维度,并囊括了与航海有关的物质、行为、制度与价值观等多个层面,较大程度覆盖到了语境之网的方方面面。

第四章阐述了入藏标准。首先,收藏对象必须与"荷兰""鹿特丹"或"海事"这几个关键词相关,并明确规定了不收哪些物件,以及谨慎收藏的范围;其次,要尽量"融入现有收藏群的语境",而不是游离于现有的体系之外。第五、六、七三个章节,分别从理念、技术和财务三个方面出发,介绍了为实现上述收藏目标需要做的保障性工作。

鹿特丹海事博物馆的收藏规划为国内博物馆开展语境视野下的收藏实践提供了两点启发:首先,需要立足博物馆的使命、定位、现有藏品体系的优劣势等现实情况,通过详尽的、科学的分析得出博物馆收藏的具体方向、范围和原则;其次,在确定目标和原则后,应着眼于主题相关的多个语境维度、不同语境尺度的关联物品,并使新收藏的物件有机地融入已有的藏品体系。

2021年5月,国家文物局、财政部联合发布了《国有博物馆征集规程》,其中明确要求"博物馆应建立藏品征集管理制度,明确征集范围、方式、条件",并"拟订藏品征集总体规划、中长期规划和年度计划"。这样的政策导向将促使中国更多的博物馆树立研究、论证与编写收藏规划的意识。在此基础上,建议在收藏规划中结合博物馆的使命定位和弱项短板,探讨博物馆不同阶段的收藏需求,并从不同领域、不同人群的视野出发,围绕已有收藏主题与收藏体系,不断补充新的"藏品血液"。当收藏方向针对博物馆的现实瓶颈,扎根博物馆的发展诉求时,收藏工作才能更好地支撑各项博物馆业务工作,尤其是为藏品的进一步研究、阐释和传播奠定高质量的基础。

二、联系关联人群:收集藏品的多视角记忆

关联人群是物的语境的另一个核心要素。关联人群在物的生产、使用、储藏、废弃的"人—物"互动中,积累起丰富的信息,最终积淀为社会与文化记忆,附着在物上。从关联人群的角度看,保存物的语境之网,就是收集关联人群关于物的多角度记忆。

(一)语境之网与多元记忆

谈及博物馆收藏时,"记忆"是一个绕不开的关键词。博物馆的收藏对象是社会记忆的载体。在阿莱达·阿斯曼(Aleida Assmann)看来,记忆对于人类的现实生存有着极其重要的价值:首先,"记忆"涉及一个社会群体的身份认同——"人类通过对过去记忆的选择与召回,以确定其身份的归属";其次,记忆也关涉到社会群体如何认识过去,理解当下与走向未来——"记忆的选

择与表达,有利于激发出有价值的知识,……从而为主体的行动提供方向性[①]。人类记忆的载体有很多,包括历史文献、档案,纪念活动以及文化遗产等。而博物馆正是作为保存文化遗产的机构而存在的,因此,对当代博物馆而言,收藏、叙述、阐释与再现社会记忆是博物馆核心的社会功能与使命。鉴于"记忆"的重要性,在讨论博物馆收藏具体策略时,我们除了关注"物"的系统性之外,也要聚焦"人"的记忆收集。只有这样,才可促使博物馆更满足当代社会的文化需求,为人类文明的反思与进步贡献力量。

博物馆收藏的记忆,与其所处的语境以及关联人群密不可分。就像斯蒂文·鲁巴(Steven Lubar)所指出的,附着于物的记忆,是"在特定的时间与空间中",由"关联的个体或人群所组成的特定语境之网中产生的"。他以一只18世纪的美国银茶壶为例,揭示出物的语境和社会记忆之间的关系:生产语境下,银茶壶承载着"工匠与学徒、委托人与制作者的记忆";使用语境下,"新婚夫妇的记忆"又附着于银茶壶,社交场合中银茶壶又承载起"家人与朋友分享食物与谈话的记忆"。[②] 鉴于语境和记忆、记忆与关联人群的密切关系,以及博物馆保存与表述社会记忆的重要使命,在语境理念下,博物馆开展收藏工作时,需要重视收藏对象所处语境之网的关联人群,并有意识地搜集与整理这些人群的记忆。

语境中的关联人群是一个复数的概念。与物共处语境之网的关联个体,往往携带着不同的利益立场、行动意图与思想情感,在此过程中产生的记忆也通常是多视角的(multi-perspective)。相应地,立足语境之网收集与保存他们与物相关的记忆,也要从多角度出发,尽可能多元化地反映不同人群的观点和声音。

如果不够全面、多元地体现语境之网内关联人群的记忆,会产生怎样的后果呢?下面这幅曾经在布鲁塞尔皇家陆军博物馆展出的画作——《库尔斯克之战:历史课》或许能告诉我们一些答案(见图 5-1)。这幅画描绘了一个博物馆内的场景:在一幅巨大的油画《库尔斯克之战:历史课》前有三组人物。

---

① [德]阿莱达·阿斯曼.回忆空间:文化记忆的形式和变迁[M].潘璐译.北京:北京大学出版社,2016.
② Lubar S,Kendrick K. Looking at Artifacts, Thinking about History[EB/OL][2019-09-24]. http://www.smithsonianeducation.org/idealabs/ap/essays/looking7.htm.

中心的一组人物，是四位现役军官，包括一名俄罗斯上校和三名二战期间的盟军代表——一名法国中校、一名英国海军中尉和一名美国少校，他们讲述着库尔斯克之战的历史经过。左边的人物是一名二战期间的德国老兵，他侧对观众，望着油画若有所思。在右方，一位坐着轮椅的苏联老兵被她女儿推到画作前。

图 5-1 《库尔斯克之战：历史课》
来源：布鲁塞尔皇家陆军博物馆

在这里，德国和苏联的老兵是库尔斯克之战的亲历者，他们是"二战时期苏德战场"这张语境之网中的关联人群，也可以说是历史记忆的真实持有者。然而，由于已经退役，不再身居要职，在这一历史事件的诠释中，他们是沉默无言的。与此相反，在油画前侃侃而谈的俄罗斯上校和几位盟军军官，虽然没有直接参与这场战争，更不是油画反映的那个时空语境中的关联人群，却成为言说这场战争记忆的官方权威。通过这种微妙的对比，《库尔斯克之战：历史课》试图传达这样的观念：由于社会权力的天然不平衡，记忆的收集与表述的话语权也是天然不平等的。作为记忆持有者的关联人群，有时候并不掌握记忆的阐释权。

　　在笔者看来,博物馆应该深刻认识到这一现实的存在,并尽可能以全面、客观和专业的精神,立足语境之网,去收集与表述不同视角、不同立场的关联群体的记忆,尽可能减少当代人群尤其是青少年对历史的曲解。

　　事实上,从推进博物馆阐释工作,促进博物馆当代使命顺利履行的角度看,立足物的语境之网,搜寻与呈现多视角关联人群的记忆的思路具有显著的现实意义。一方面,对研究和展示等博物馆阐释工作而言,这种收藏策略无疑会丰富收藏体系与知识的记忆细节,增强阐释的全面性与感染力。许多关联人群往往不是博物馆工作者,而博物馆工作者又常常站在学术研究的立场去解读物的记忆内涵,这就让藏品的内涵不够全面,有时甚至会非常偏颇。当博物馆人跳出单纯学术的圈子,触及与藏品相关的多个关联人群,充分吸收他们的观点与认识,就将有助于启发博物馆人填补学术研究之外的知识盲区。这既可给语境思维下的藏品研究提供有效的资料与线索,也可以给微观语境下展品内涵的研究贡献力量。与此同时,多视角的记忆往往通过个人叙事的方式展现,第一人称、平民视角与小微叙事的方式,通常比第三人称、精英视角与宏大叙事的方式具有更强的感染力[①]。在展览中加入这些关联人群的记忆将有效激起观众的情感共鸣,增强展览阐释的亲和力与共鸣感。

　　另一方面,这种做法也有助于推动提升博物馆文化的多元性与包容性,更有机融入区域社会的可持续发展,呼应时代对博物馆的使命诉求。提高博物馆的开放性和包容性,促进社区参与博物馆运作和交流,促进博物馆融入区域社会的可持续发展,是当前国际博物馆界的重要共识与发展趋势[②]。国际协在 2022 年新通过的博物馆新定义中,博物馆被界定为"向公众开放,具有可及性和包容性,促进多样性和可持续性"的非营利性常设机构。在中国,向公众提供更多层次、更丰富、更好的公共文化服务,促使文化遗产保护利用成果最大限度地惠及全体人民,充分保障人民群众平等的文化权利,满足人民群众日益多元的美好生活需要,也越来越成为中国博物馆界高质量发展的使命和方向。当博物馆不仅展示官方主流价值观下的历史记忆,也客观地呈现一些很重要但却被忽视的群体的声音细节,这将极大程度丰富博物馆文化传

---

①　Savenije G M,De Bruijn P. Historical Empathy in a Museum:Uniting Contextualisation and Emotional Engagement[J]. International Journal of Heritage Studies,2017:1-14.
②　尹凯. 重置与转向:当代博物馆理念的梳理与思考[J]. 东南文化,2018(4):82-89.

播的层次性,拓展公共服务与人民群众的关联性,为不同背景、不同诉求的人民群众提供更有价值、更难忘的文化体验,这将帮助博物馆在区域社会的可持续发展中扮演更加重要的角色。

(二)"走出去"与"引进来"

博物馆可以在什么情况下,通过哪些具体途径去收集藏品的多视角群体记忆呢? 首先,并不是所有的收藏对象都适合运用这样的收藏策略。与收集者同个历史年代,或者只相隔较少代际的物品所蕴含的记忆依然比较鲜活,即使它们被博物馆所收藏,与原先关联的人群之间隔墙相望,但物与多视角人群之间的关系并没有消失,只是被暂时屏蔽了。只要顺着语境网络回溯考察与搜集,尘封其间的记忆又会被重新唤醒。所以,近现代的文化遗产是这种收藏思路下需要重点讨论的对象。

与关联物的征集收藏类似,在收集与记录关联人群的多元记忆时,也应基于藏品资源现状、社会重大变化以及博物馆工作需求制定合理的收集规划。比如,博物馆可考察近数十年来,本地社会经济发展发生了哪些方面的重大变迁,其中哪些变迁对本地人民的生活方式、社会秩序与思想价值观等带来了较大的转变,这些转变又通常体现在哪些更具体的人群及行为方式上。在了解资源情况的基础上,继续考察现有收藏体系在反映近现代社会变迁上的薄弱之处,以及收藏群中关联人群多元记忆的"缺席"情况。比如,2020 年暴发的新冠肺炎疫情,无疑是一场颇具"记忆点"的公共事件,中国有不少博物馆收藏"抗疫"主题相关的物件及记忆。在此过程中,如果只是从医护人员、政府部门的角度去收集关联人群的记忆,显然是不全面的,尤其对于那些综合性的博物馆而言。因为这场疫情不是简单的"公共卫生事件",也是影响人民日常生活与工作的"生活事件",以及改变国际政治格局走势的"政治事件"。因此,在梳理这类藏品体系时,要尽可能搜集各行各业的老百姓的声音,提高记忆表述的广泛性与代表性。若有条件的话,也可在全球化视野下,补充一些不同文化背景的人群记忆。

接下来,博物馆可以通过"走出去"与"引进来"两种思路收集藏品的多视角记忆。对于前者,指的是通过民族学田野调查的方式,深入民间群体搜寻与主题有关的记忆。这是当前博物馆非常流行的收集记忆的方式。从更高效务实的角度看,在"走出去"的过程中,博物馆可优先侧重前往调查一些规律性举办的集体活动,比如民间节庆、祭祀仪式与民俗表演等。这是因为,能够持续吸引人们来到特定地点开展集体活动,本身就体现出它们对当代人社会交际与精神生活的重要意义,以及作为当代人群集体记忆的属性,值得博物馆关注与收藏。在集体性活动中,多视角的记忆搜集也会更加便利,博物馆人有机会联系到不同角色与身份的亲历者,从他们口中了解这些民俗活动、非物质遗产的过去,以及对他们生活的影响等。

如果博物馆某些藏品是某个国家或地区的集体记忆的重要见证,在某些社会群体的认同中具有比较重要的地位,藏品相关的话题具有广泛的社会关注度,面对这样的藏品,除了"走出去"这外,博物馆还可尝试"引进来"的策略,也就是借助网络媒体等具有较强影响力的社会平台,主动吸引相关见证者或知情人,通过"云端"的渠道,促使他们贡献出与藏品相关的社会记忆。

荷兰国家海事博物馆"奥兰治号"(MS Oranje)藏品群的建设过程,典型地体现了这样的收藏思路。"奥兰治号"是 20 世纪 30—60 年代荷兰家喻户晓的一艘船。在 30 多年的服役生涯中,这艘船经历了三个角色的转变:豪华客轮(1937—1941 年)、军用医疗救护船(1941—1945 年)、荷兰侨民遣返船(1945—1964 年)。为了建立一套系统全面的"奥兰治号"主题收藏群,尤其为了收集更多有关船舶的生活细节的口述记忆,博物馆团队通过博物馆的官方网站、脸书(Facebook)、推特(Twitter)等多个社交媒体平台,以及荷兰的新闻媒体等渠道,向全社会发起"讲述奥兰治号记忆"的活动,在两周内就收到了60 位来自不同年代的乘客的报名①。策展团队从中筛选出 10 位老人作为重点访谈对象。见证者们从不同的立场讲述着自己与这艘船的特殊回忆。既有讲述船舱生活细节的,也有回忆同乘游客印象的,还有人从游船拓展到陆地,坦露抵达荷兰后的心声。

除了通过在线平台吸引亲历者做口述采访外,博物馆还创建了一个有关"奥兰治号"的在线记忆资料库②。打开这个名为"故事捕手"的网站,跃入眼帘的是奥兰治号航行的大地图以及 1939 年、1946—1960 年的时间轴。下滑

---

① 来自 2018 年 12 月 12 日对荷兰国家海事博物馆事务总监 Vera Carasso 的访谈内容。

② De Verhalenvanger〔EB/OL〕〔2019-09-25〕. https://www. verhalenvanger-hetscheepvaartmuseum. nl/.

到网页下端，有"分享故事"的选项，点击进入后，无论是亲历奥兰治号的乘客、员工，或是他们的家属，都可以在对应的年份填写个人回忆，形成一个个生动的故事。人们可以浏览任意一个故事，并在故事下端的"评论区"中，留下对这个故事的看法，或者与这个回忆相关的记忆线索。

在"我的父亲是军医"的一个回忆中，一位网友写道："我在'奥兰治号'出版的一本图册的第 148 页上，看到了我的父亲 J. G. Geerlings。那时是 1943 年，我父亲作为军医在船上服役。紧挨着我父亲的是第二机械师的 J. F. Nijdam，那是他的一位好朋友。……我母亲与我父亲在船上相遇相恋，后来回到印度尼西亚结婚。我在那里出生。1947 年 2 月 15 日，我们全家人乘坐'奥兰治号'回到了荷兰"。配合这段描述，这位网友还上传了这本图册的电子链接。另一位网友在这个回忆下评论道，"是的。J. F. Nijdam 是我的父亲，他今年 98 岁了"，并留下了自己的名字。在这个开放式的记忆平台上，许多未能接受采访的亲历者们，分享与交流着他们关于奥兰治号的个人记忆。

这种策略的优势在于，借助互联网信息高速互通与大数据共享的平台优势，关联人群的记忆收集不再只由博物馆单方面发力，而是成为广泛的社会成员的自发行动，不仅有助于更全面地触及与覆盖关联人群，更系统地搜集与表达关联人群的观点，也有利于降低收藏活动的成本并提高工作效率。

不过，正如前文所说的，"引进来"的思路通常更适合社会关注度或者地区辨识度较高的收藏主题。因为只有具备高社会关注度与讨论度，才更容易引发广泛的、自发的传播与讨论，互联网的沟通与共享的优势才能真正体现出来。对中国而言，在民主主义革命、社会主义革命建设、改革开放、新时代等不同阶段，在旧城改造、城乡建设、脱贫攻坚等反映经济社会发展变迁的近代历史中，都有可能挖掘出一些具备一定社会讨论度的主题。比如，有关抗日战争的记忆，关于改革开放以来物质与精神生活变迁的记忆等，这些或许是可以考虑开展"引进来"收集思路的方向。不过，每个地域的历史发展进程不同，能引起广泛共鸣的历史记忆也有区别，博物馆应基于各自地域文化资源的特点来做判断。

无论是"走出去"还是"引进来"，由于同一批藏品，或同一个记忆主题的见证者有很多，资源有限的博物馆没办法无休止地搜集语境网络中每个个体的记忆，也不可能将每一位见证者的声音毫无遗漏地呈现出来。因此，在筛选与呈现多元记忆的过程中,还应遵循典型性与客观性的原则。

　　多视角的记忆并不是单纯强调数量越多越好,如果许多个体回忆都是在重复一个侧面的内涵,这就会既体现不出语境关联网络的本质,也容易浪费资源。因此,在选择受访对象,判断是否要选入某些记忆的时候,需要秉持典型性和代表性的原则。受访者本身的年龄、性别、职业与文化背景需要有广泛差异性,这样对于同一个主题的记忆才有可能呈现出区分明显的观点。此外,尽管访谈时一般都采用统一的问题大纲,但每位见证者都或多或少会与同样的记忆主题发生不同侧重的联系。这些侧重本质上都可以联系到语境网络中的不同维度,如政治环境、文化传统、生活方式、信仰观念等。采访者需酌情引导讲述者向其侧重点深入拓展。在这种情况下,个体记忆的区分度、语境网络的多视角性也会更加明显。

　　客观性指的是博物馆在收集记忆过程中需要尽量中立,减少对讲述者不必要的干预,尽可能如实地反映出关联人群的真实感受。贾斯敏·拉纳(Jasmijn Rana)等认为,"不存在没有情感共享和情感冲突的文化遗产",换句话说,文化遗产背后的关联人群并不是那么"和谐",不同的利益群体会围绕同样的历史遗产衍生出不同的记忆,这些记忆承载着不同的情感取向①。面对这样的事实,博物馆如果刻意回避一些负面情绪,不仅不利于记忆的全面收集,也是一种不负责任的表现。只有通过持续的、尊重彼此的对话和讨论,并忠实地记录见证者的每一句话,剪辑时不曲解原意,不刻意遮蔽某些群体的负面观点,才能收集到更真实的人群记忆。这不仅不会给观众带来困扰,反而有助于人们以更内在的视角深入了解这段历史。

---

　　①　[荷]阿姆斯特丹艺术大学瑞华德学院.批判性探索中的文化遗产与博物馆:来自瑞华德学院的声音[M].浙江大学文化遗产与博物馆学研究所,译.杭州:浙江大学出版社,2020.

第六章　探索关联网络：
语境视野下的研究策略

语境视野下的藏品研究，是一个在物的原生语境网络中探索其多层次、多方面内涵与价值的过程。语境之网探索得越全面、系统，藏品的生命史信息就会揭示得越丰富、立体，基于藏品的阐释传播思路就会越多元，文化遗产传承利用的效果也就越显著。本书第四章总结出了语境化阐释的研究视野、研究过程与研究成果等一系列理论基础，在此导向下，藏品研究的实际工作应如何具体开展呢？本章结合实际案例，从研究合作机制、研究流程规范和研究管理机制等实操层面，谈谈语境视野下博物馆藏品研究的合理策略与建议举措。

一、拓展研究主体：构建广阔的研究网络

语境视野下的藏品研究着眼于藏品的整体性关联网络，这样的研究视野必然会涉及多维度的主题面向，多视角的人群观点以及跨学科的知识领域。在这种情况下，博物馆有限的人才队伍无论在知识储量还是研究视野上都难免捉襟见肘。这种窘境在人员编制本就不足，从业者又经常承担考古发掘、文物修复、古建维护、展陈传播等多项业务工作以及各种事务性工作的地市县级基层博物馆中更为突显。鉴于此，在语境视野下开展藏品研究的过程中，很有必要秉持开放共享的原则，积极引入外部社会力量协助，构建长效研究合作机制以及广阔的研究合作网络。

（一）藏品对外开放研究

高等院校、科研机构、各级研究所等，是博物馆外部研究力量的核心组成。只有尽可能多地接洽与吸纳这些研究力量，才能壮大研究团队，为语境

之网的探索提供有力保障。加快构建藏品对外开放研究的机制,源源不断地吸引研究人员或专业机构贡献他们的思路、观点或资源,不失为一个拓展研究力量的渠道。

今天,在中国一些发展较为成熟的博物馆中,面向社会开放藏品研究已经有所实践。然而必须承认,这种方式的实际效果还有较大的进步空间。一方面,许多博物馆还没形成规范的对外开放研究制度,表现在既缺乏公开的研究申请渠道,也少见明确成文的外部研究条例与操作流程,这对馆外研究者来博物馆研究藏品形成了较大的阻碍;另一方面,大多数博物馆也不太重视研究成果的反馈,对外开放研究流于形式。

大英博物馆(British Museum)藏品开放的申请制度或许能为中国博物馆提供一些启迪。博物馆设有专供藏品借阅和考察的学习室(Study Room),并在官网公开了《学习室条例》(Study Room Regulation)等章程细则。有意向者可先通过在线藏品数据库挑选出想要深入了解的藏品信息,然后将藏品编码、拜访时间、个人信息等填写于《学习室申请表》(Study Room Application Form),发送到对应藏品管理部门的电子邮箱中。在对申请表信息开展审核,以及充分检验了预约藏品的存缺情况与安全性状况后,如果可行,博物馆便会及时回复申请者,安排明确的拜访时间与具体的藏品考察方式①。中国有条件的博物馆也可参考这一做法,制定对外开放研究的规范制度,明确规定外部研究人员的申请方式、预约形式、预约过程、考察场地、开放时间、风险说明以及服务内容等,在确保藏品安全性的同时,让更多藏品得到馆外专业人员深入研究的机会。

在构建外部研究申请制度的基础上,还应加强研究成果的回馈与共享,构建博物馆与外部研究之间的利益共同体。首先,在藏品开放的选择上,可优先推荐已经开展研究,但却留存许多困惑,或者即将开展研究的藏品群。如果馆外研究人员也有意向研究这些藏品,那么正好可以商讨开展研究合作的可能性,包括参与研究的具体方式、时间安排以及成果反馈与出版规划等。如果外部研究者的意向藏品不在推荐名单之列,博物馆也可在了解研究者个

---

① British Museum. Study Room Services[EB/OL][2019-09-24]. https://www.britishmuseum.org/pdf/study_room_info_sheet_oct1_2016.pdf.

人背景与课题概况的基础上，评估这些意向藏品是否有开展研究的必要性与可行性，并商讨合作的可能性。其次，可考虑设置成果回馈的奖励机制。博物馆可在规章中声明，鼓励馆外研究人员反馈藏品研究的相关成果，并对那些及时、全面地反馈成果，或者有意愿继续利用本馆藏品开展研究合作的研究者，给予不同程度的优惠待遇，比如提供库房近距离参观机会、延长藏品观摩时间、增加允许借阅的藏品数量，以及提供参与博物馆研究团队课题研究的机会等等。奖励的刺激与兑现，将不断巩固内外研究人员之间的合作关系，为补充语境之网的缺环提供一些力量。

"藏品由谁研究"似乎是一个不成问题的提问，解释藏品的权力理所当然地只归专业群体所有。然而，如果研究群体仅限于此，可能会使研究视野局限于学术领域，导致学术关注之外的藏品信息维度与价值内涵得不到充分挖掘与体现。鉴于此，博物馆应在巩固馆内外专业合作的基础上，更大胆地突破专业人群与公众群体的边界，充分吸纳民间人群的声音与智慧。无论是与藏品直接相关的捐赠者、所有者与知情人士，以及与藏品同地域的其他社群成员，还是与藏品本身没有直接交集，但了解同类型藏品或相似藏品的信息，能为语境视野下的研究提供信息、线索的业余爱好者，他们虽然称不上是传统意义的"研究力量"，有关藏品的观点与认识也不一定专业，但却可以填补学术领域之外的信息空白与视角盲点，对提升研究的覆盖面与细致程度有着很大帮助。

藏品的捐赠者、所有者，以及与藏品有地域关联或文化关联的同源地人群（source communities），与藏品入藏前的生命史轨迹存在不同程度的语境交集。对于这些人群，研究者应侧重引导与发掘他们有关藏品或相关主题的记忆与情感。这是因为，私人化的情感与记忆联系，以及其体现出的藏品对于地域认同的社会价值，甚少见于官方出版物中，很容易被传统的学术视野忽略。通过填补这些盲区，后续的展览阐释也能拥有更具人情味的资源与素材。

比如，澳大利亚藏品委员会（Collections Council of Australia）的研究团队在评估古尔本市的圣救世主大教堂（Cathedral Church of St Saviour, Goulburn）藏品群价值时，除了对教堂历史起源、神职人员谱系、建筑风格、藏品规模等进行文献梳理、资料整理与内容分析之外，还通过访谈该教区的信众与周边居民，收集与分析大教堂访客留言簿上的评论，了解信众对大教堂和教堂内的圣洗池、讲坛、屏风、风琴、跪垫、刺绣织品等物件的看法。经过深入信众的田野调查后,研究团队发现,那些看似不起眼的跪垫与刺绣织品,其实是"历史上当地妇女信徒们花费很长时间制作的,满含她们对上帝、主教与教堂的爱和尊重,为大教堂和其他信众带来了温暖"。由此,研究团队认为"大教堂藏品中的跪垫和刺绣反映出大教堂交织在许多当地信徒的家庭历史中,是一个标记家庭活动里程碑的地方"①。最终,信徒与教堂藏品之间的文化与情感关联,被研究团队视为该藏品群的重要价值之一而写入藏品价值评估报告之中。

那些与藏品本身未必有直接的语境关联,但却对藏品相关知识或现象感兴趣、有专长的业余爱好者群体中,其实隐藏着巨大的研究贡献潜力。然而,由于这些人群数量庞大且分散,很难通过主动走访建立联系,而更适合采用"众包"(crowdsourcing)的方式,也就是借助各类公共平台,以相对较低的成本投入而广泛集合民众创意和能力②。中国很多博物馆的库房中,沉睡着许多品相一般或者重复率较高的藏品,比如古钱币、瓷片等。当这些平时无人问津的藏品,恰好与研究对象同处一个主题收藏群时,就很有必要也对其开展深入考察,发掘潜藏的信息。然而,由于这些藏品规模较大且信息基础薄弱,再加上研究人手有限,往往很难得到充分的解读。在这种情况下,这类藏品就可以作为众包的试点对象。博物馆一方面可以借助线上网络平台,在博物馆官网上传这类藏品的基础信息和图片资料,呼吁有兴趣和专长的民众在线分享他们的见解;另一方面,还可结合线上或线下的临时展览吸引观众前来贡献有价值的信息。

荷兰国家摄影博物馆(Nederlands Fotomuseum)举办的"卡斯·奥赛斯摄影展"(This is Cas),就采用了打通线上与线下渠道的众包式藏品研究方式(见图6-1)。这位荷兰摄影家曾在荷兰、加拿大、印度尼西亚与埃及等地拍摄了将近50万张照片,然而这些相片的拍摄意图、具体情景与社会背景等语境信息已经丢失了。博物馆发起"为卡斯命名"(Captions for Cas)的众包项目,

①　Russell R, Winkworth K. Significance 2.0: A Guide to Assessing the Significance of Collections. Collections Council of Australia. [EB/OL][2019-08-18]https://www.arts.gov.au/sites/g/files/net1761/f/significance-2.0.pdf.

②　Proctor N. Crowdsourcing:An Introduction:From Public Goods to Public Good[J]. Curator:The Museum Journal,2013,56(1):105-106.

专门设置了一个展示空间。在这一空间的说明文字中写道:我们欢迎民俗、造船、农业等领域的专家……以及曾造访过奥赛斯拍照国家和地区的观众来贡献你们的见闻和知识。展览现场确实吸引了几位观众通过平板电脑对能辨识出的照片撰写有关描述并上传,从而间接参与到了藏品的研究过程中。观众在贡献知识与想法的过程中,既补充了藏品语境的信息或视角缺环,同时也获得了共享研究权威的参与感与自豪感,使博物馆与公众进一步贴近。

图 6-1　荷兰国家摄影博物馆"为卡斯命名"现场

来源:作者拍摄

(二)跨机构优势互补

尽管对外开放研究的方式省下了研究人员四处奔波的精力,但外部研究的申请存在较大随机性,难以为研究提供长效而稳定的补充力量。相比之下,博物馆与其他博物馆或相关文化机构(如图书馆、档案馆、考古所等),以及高等院校、研究所等专业机构或专家团队之间建立长效性的机构合作关系就显得非常重要。

跨机构合作的价值不仅在于增添了新的研究人员,更重要的是,这样的合作为增添研究视角,从而保障语境之网的多维度覆盖提供了很好的契机。在合作之前,博物馆就需要清醒地认识到自身的优势与短板,在寻找合作对象时,尽可能联系那些具有不同学科背景与研究视野的机构,以此分析合作双方之间的差异化所在,进而寻找出优势互补的具体领域和方向,产生"1+1>2"的效果。

如果是与其他博物馆,或档案馆、考古所等遗产机构商谈合作,应侧重评估馆藏资源、已有研究成果之间的差异化情况,以及资源互补的可能。如果与高等院校、研究所等专业科研机构开展合作,博物馆应充分意识到其具有不可替代的藏品、第一手的资料和数据,以及熟悉馆藏的研究人员的优势,并重点评估科研机构的研究工具与分析方法对语境维度的拓展与藏品内涵的全方位发掘起到的具体作用。

澳大利亚的塔斯马尼亚博物馆和美术馆(Tasmanian Museum and Art Gallery)针对袋狼(thylacine)标本与艺术品的跨机构藏品研究,为我们提供了很好的启发。袋狼是澳大利亚最知名的本土物种之一,塔斯马尼亚博物馆和美术馆收藏了袋狼的许多标本和档案文献,比如袋狼的关节骨骼标本、袋狼毛皮制成的地毯、袋狼灭绝前的照片等。为深入发掘这些藏品背后的更多价值,该博物馆历经三年,分别与澳大利亚国立博物馆(National Museum of Australia)、维多利亚女王博物馆与美术馆(Queen Victoria Museum and Art Gallery)等同样拥有丰富的袋狼收藏的机构,以及与悉尼大学(The University of Sydney)、塔斯马尼亚档案办公室(Archives Office of Tasmania)、澳大利亚博物馆(Australia Museum in Sydney)的古生物部门等以科研能力强而著称的机构开展研究合作。在与其他博物馆收藏机构的合作中,研究团队全面梳理与袋狼有关的自然标本、人工制品、艺术品、文献资料等,基于此进一步深化了袋狼的自然演化史、袋狼与土著的关系、袋狼与欧美移民的关系、袋狼对艺术的启发等方面的认识。

在与科研机构的合作中,塔斯马尼亚博物馆和美术馆负责提供袋狼相关藏品的图像、信息和数据,科研机构通过基因谱系分析、DNA分析等前沿的生物学和医学技术对其充分解读。经过多轮的研究后,塔斯马尼亚博物馆和美术馆最终整理出一份袋狼藏品的价值阐述报告,在全国范围内第一次从人文、社会与科学三个维度讲述了袋狼藏品的当代价值——"袋狼标本对于现代人了解澳大利亚/大洋洲自然历史，促进生物科学研究与创新，以及增强塔斯马尼亚人的地方文化认同具有非常重要的意义"①。在这个案例中，博物馆的跨机构合作很好地做到了优势互补，并将新视角、新方法整合到藏品研究中，最终让藏品的研究视野从单纯的生物领域，拓展到社会和文化领域，从面向过去的自然史，拓展到连接当下的科技创新。随着语境之网的多维度覆盖，藏品的意义也打开了新的面向。

当跨机构合作形成一系列研究成果后，在时机成熟的情况下，应及时通过出版物、公开讲座乃至专题展览等公共化渠道转化出来。当研究成果从幕后走到台前，参与研究的机构可以更直观地评估跨机构合作的成效，包括机构之间是否达成了先前的合作预期，未来还可以往哪些方向开拓新的研究合作领域等，为此后的长期合作奠定根基。这样的方式也有利于研究成果及时转化为博物馆公共文化服务，促进藏品的活化利用。

二、参考统一流程：梳理藏品的多维内涵

参与研究主体的拓展，在为藏品研究增添新的视角与力量时，也不免会带来新的"烦恼"：由于不同研究主体的学术背景、研究偏向与研究方法不尽相同，对于藏品语境的认识也会有所不同，在实际开展研究时可能会根据自己的理解，产生不同程度的侧重，进而可能遗漏语境之网的关键视角。面对这一情况，有必要探索设置一套供不同背景的研究人员统一参考的语境化研究流程。如果研究者参考统一、规范的操作流程，就会被提示着完成探究多维度内涵的"规定动作"，这样不仅让研究过程有规划、可持续地推进下去，也不容易遗漏语境网络的重要视角或信息，保障研究视野的充分覆盖。

（一）"意义 2.0"的启发

类似这样的尝试在国外博物馆界已经有所开展。由澳大利亚藏品委员

① Russell R，Winkworth K. Significance 2.0：A Guide to Assessing the Significance of Collections. Collections Council of Australia.［EB/OL］［2019-08-18］https://www.arts.gov.au/sites/g/files/net1761/f/significance-2.0.pdf.

会(Collections Council of Australia)出版于 2009 年的藏品解读指南《意义
2.0》(*Significance* 2.0)^①,也许是所有涉及语境思维的藏品研究流程中最翔实
全面的,可作为中国制定语境视野下的藏品研究流程的参考对象。Significance
可译为"意义"或"重要性",来源于 1979 年制定于澳大利亚的古迹遗址保护方案
《巴拉宪章》(*The Burra Charter*)的核心概念 cultural significance(文化意义)。
这套指南旨在透过藏品的物质构件(fabric)去揭示其蕴含的历史、艺术、科学
与社会等多维度的文化意义(significance)。为了实现这一目标,澳大利亚藏
品委员会不仅建立了以"语境"为核心理念的藏品解读指南,还尽可能突显这
套研究流程的"跨界共享"的特征,使其成为自然与人文领域,博物馆、图书
馆、档案馆等机构类型藏品意义解读与成果分享的统一沟通平台。这套藏品
解读指南在 21 世纪初就已经形成,《意义 2.0》是其修订后的升级版。

　　我们可以从《意义 2.0》中的一顶收藏于澳大利亚伊拉瓦拉博物馆(Illawara
Museum)的 20 世纪初的巨朱蕉帽子^②(Cabbage tree hat)(见图 6-2)的意义揭
示过程,了解藏品解读流程的主要内容与运用方式,如表 6-1 所示。

图 6-2　巨朱蕉帽子

来源:《意义 2.0》第 25 页。

----

　　①　Russell R,Winkworth K. Significance 2.0:A Guide to Assessing the Significance of
Collections. Collections Council of Australia. [EB/OL][2019-08-18]https://www. arts. gov. au/sites/
g/files/net1761/f/significance-2.0. pdf.
　　②　巨朱蕉是龙舌兰科的植物,主要分布在热带和亚热带地区。

表 6-1 《意义 2.0》藏品解读流程与案例介绍

藏品意义解读流程	案例：巨朱蕉帽子
1.整理 整理藏品的现有的记录信息	从博物馆档案资料中发现，这顶帽子是制作者萨拉·丹尼斯（Sarah Dennis）的女儿于 1969 年赠予博物馆的
2.研究 研究藏品的历史和藏迁情况	从与帽子相关的记录中发现，这顶帽子是萨拉·丹尼斯为她的侄子阿尔伯特·丹尼斯（Albert Dennis）制作的。时间为 19 世纪末 20 世纪初
3.咨询 咨询捐赠者、所有者和知情人	捐赠者提供的笔记中，记录了丹尼斯家族抵达澳大利亚的时间、住所和工作等信息。沿着这个线索，博物馆广泛咨询了当地人，逐渐了解到伊拉瓦拉人民制作、交易与使用巨朱蕉帽子的生活现象。丹尼斯家族以交换他们的工业机器为条件，让澳大利亚土著爬上巨朱蕉树收集树材来编织帽子。蒂布尔斯（Tibbles）家族则以售卖帽子营生，一年内前往悉尼批售两次。布鲁克斯（Brooks）夫人将巨朱蕉叶子放在晾晒台上，利用阳光与寒霜来漂白
4.探究 探究藏品的原生语境	巨朱蕉帽子是 19 世纪典型的澳大利亚平民男士服饰。当时不管是犯人、牧羊人，还是诗人、探险家，甚至是恶棍都流行戴着它。草帽编织是传统的英国乡村手艺，一开始被传授给等待运输的犯人。这门手艺传到澳大利亚后，适应了当地的环境，并迅速扩大影响。19 世纪下半叶，它进入更多场合，从悉尼的工人到乡村主妇都在从事编织工作以谋生。 巨朱蕉是伊拉瓦拉地区的独特景观，在许多 19 世纪的插图和旅行者的描述中频繁出现。早期移民利用这些树的各个部分，制作家具、帽子甚至作为食物。欧洲移民让土著爬树取材的记载，反映了当地人和欧洲移民者的共存与合作关系
5.分析 分析和描述藏品的构造与情况	这顶帽子和一般的巨朱蕉帽子一样，是以煮沸和漂白的树叶为原材料制成的。人们用刀将其剥离为长条状，宽度影响着编织的精细度和帽子的质量。辫绳从顶部被切割，在辫下方重叠，然后缝起来做成高顶宽边的样子。
6.比较 比较其他相似的藏品	在澳大利亚博物馆和图书馆的所有收藏中，这样的帽子大约有十顶，而这顶是藏迁记录以及语境信息最完整的，制作质量也最佳

藏品意义解读流程	案例:巨朱蕉帽子
7.确认 确认与藏品相关的地方和其他藏品	巨朱蕉树喜爱生长在伊拉瓦拉这样的雨林与沟谷地区中。在博物馆库藏中,存有与丹尼斯家族有联系的其他藏品。与帽子有关的还有三个编练球,可能是在制作过程中产生的
8.评估 参考价值评估标准	从主要标准(primary criteria)看,这顶帽子具有历史价值,还有艺术价值,因为它代表了草帽编织的手艺水平。从比较标准(comparative criteria)看,这顶帽子比较稀有和具有代表性,同时保存完整,还具有非常详细的藏迁信息。最后,这顶帽子对于伊拉瓦拉地区的环境也有独特的诠释能力
9.撰写 撰写价值总结	这顶巨朱蕉帽子是 19 世纪澳大利亚平民装束的典型代表,是少见的完全由本土原材料制作的装束。这类帽子被犯人、牧羊人、淘金者与恶棍们所戴,反映了 19 世纪澳大利亚男性装束追求平等的特点。帽子的历史也为梳理土著人民、外来定居者与伊拉瓦拉环境之间的关系提供了帮助。帽子还成为某种产业,是人们补充收入的谋生手段。还反映出英国手工艺进入澳大利亚后对于当地气候的适应性改变。综上所述,这顶帽子有力诠释了伊拉瓦拉地区的独特历史和地域特点,具有较高的历史与艺术价值

来源:作者译自《意义 2.0》第 24—25 页。

从这个案例可以看出,《意义 2.0》的解读流程尽可能覆盖了藏品研究工作通常会涉及的多个环节,几乎所有步骤都探讨了藏品与使用主体、其他关联人群与关联物以及与自然和社会文化背景的种种联系。通过这样的考察,人们对这顶帽子的认识不会停留于"只是一顶一百多年前的普通帽子",而是既可以看到一位姑妈对侄子的宠爱,也可以透过这顶帽子了解 19 世纪伊拉瓦拉地区的自然环境特点,社会人群结构的变化,手工艺技术的跨文化融合,并逐渐建构起普通民众制作、交易与使用巨朱蕉帽子的生活图景。比较周全规范的解读流程,也大大降低了在语境的研究视野下藏品重要内涵被轻易遗漏的隐患[①]。

---

① 毛若寒. 为观众阐释的藏品研究——澳大利亚藏品意义阐释的实践探索与经验借鉴[J]. 东南文化,2019(3):97-103.

(二)语境视野下的研究流程

尽管《意义 2.0》在语境视野下的藏品研究实践上做出了重要探索,但总体而言,其制定者对博物馆物的语境内涵认识得不够细致与明确。比如在第四步对于藏品原生语境的探究中,阐述得比较宽泛,并没有深入解释通过怎样的步骤去实现。第七步联系起源地和关联藏品的做法,实际上类似于对藏品的微观语境的追溯与剖析,本应归属于第四步,却又被单独地拆解出来。

在充分联系博物馆物的语境本体内涵与语境化阐释方法,并结合国内博物馆的研究传统与藏品资源特点的基础上,笔者认为语境视野下的藏品研究的标准化流程可以从以下几步展开,如表 6-2 所示。

表 6-2   语境视野下的藏品研究流程

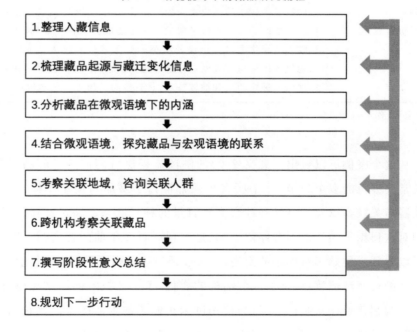

第一步,整理入藏信息。系统全面地整理藏品从原生语境到藏品语境的过程中,留存的所有信息与资料。包括藏品的来源地与征集/采集日期,捐赠者、售卖方或采集单位的信息等,以及入藏的档案、随录笔记、照片等资料。如果入藏时还记录了与藏品关联的其他物(配套使用物、伴生物、共存物等)

的基本情况,以及藏品在收藏群中的语境关系等信息,那么这些也需要整理进来。

　　第二步,梳理藏品起源与藏迁变化的信息。可能包括藏品的制作年代与制作者的信息,藏品的拥有者(或发现者)对藏品所在地的记录信息,反映藏品在使用(或发现)环境下的照片或文档,藏品被制作、使用、购买的日期与地点,相关的经手人或机构等信息等。

　　第三步,分析藏品的微观语境。基于前两步,尝试梳理出生产、交易、使用与储存(或者产生、演变、获取)等多个语境类型/阶段,并思考哪些语境类型/阶段具有深入研究的可能性与必要性。首先分析同一情景时空下,藏品关联物及关联物组合的内涵,并探索关联人群、其他关联物与藏品之间的相互关系。以人工制品为例,如果是生产语境,主要探究是什么身份的人制造了它们? 出于怎样的目的? 在什么样的材料、工艺、工具与方法下制造的? 人们之间是如何协作的? 制造时很费力还是很容易? 如果是使用语境,则探讨怎样操作与使用它们? 它们是怎样与使用者的需求和行为联系起来的? 它们在使用者生活中扮演了什么角色,对其遭遇的问题的解决有什么帮助? 接下来还要对不同语境阶段之间的转换过程进行考察。比如,在流通与使用的过程中,新增或改变了哪些偏离生产者或原主人本意的信息,以及在生产、使用与收藏等语境的变换中产生了什么新的故事等。

　　第四步,结合微观语境,探究藏品与不同宏观语境维度的联系。在前一步的基础上,思考藏品本体的物理构造、质地成分、形制色彩、纹饰图案、材料工艺与使用功能,微观语境下藏品与不同个体或人群的互动关系以及与其他关联物的联系,可以与特定时期与地域的哪些宏观语境维度,如地理环境(如地质运动、地貌、气候等)、政治生态、贸易方式、技术范式、生活方式及文化观念等联系起来,反映出了怎样的自然环境特征、历史文化特点与人群的生存状态。此外,也要考察藏品及其微观语境,折射出怎样的宏观环境的变迁。也就是要考虑藏品如何与更广阔的历史主题、环境变迁、社会变革、文化演变或技术革新等联系起来。探究藏品的原有功能,以及藏品与人群关系的变化,说明这片地域与人民遭遇到了怎样的发展瓶颈,最后又是通过什么样的方式去解决的,最终在地域文化发展中起到了什么作用等。

　　需要说明的是,不论是考察微观语境还是宏观语境,都不能只聚焦于藏品本身的演变轨迹，还需联系同类型器物的总体演变历史、发展规律与特征。在这两个步骤中，研究者很可能会产生许多疑惑，也往往会面临一些资料不足的情况，需要及时记录下来。

第五步，考察关联地域，走访关联人群。研究人员可以前往藏品的来源地或征集地，一方面考察藏品的原生自然与人文环境，如出土遗址、地层现状与使用现场等，以获得更直观的认识；另一方面走访捐赠者、所有者或知情人，咨询他们在前几步中积累的问题，在此过程中以各类方式将回答记录下来。在研究一些年代更为久远，或者研究者不甚擅长的藏品与学科领域时，主动请教相关领域的专家也非常有必要。如果有机会的话，最好能邀请专家一同前往藏品关联地域实地考察。

第六步，跨机构考察有语境关联的其他藏品。针对前几步中尚不明确的问题，研究工作需要继续扩大考察范围。研究人员可前往其他博物馆、图书馆、档案馆或考古所等机构，咨询与研究对象具有语境联系的藏品的相关信息。通过跨机构的走访，补充研究弱项，避开重复研究，如有机会也可以发起合作，使藏品的语境信息更充实。

第七步，撰写阶段性意义总结。比对每个步骤及需要探索的方向，回溯尚未深入研究的部分并查遗补缺。在参考每一步骤的资料与成果的基础上，撰写这一阶段的研究成果。重点解释藏品在特定宏观语境下的功能，或在特定人群中的地位与象征等。研究不会一蹴而就，认识也可能会发生改变，因此需要对研究工作的暂停日期，参与研究的人员，研究的参考来源，实地考察的地点与对象，以及尚未解决的问题等妥善存档，为下一次语境化研究做好准备。

第八步，规划下一步行动。详细分析藏品的意义，一方面有助于更深入地了解藏品的保存状况、价值程度，为进一步采取更合适的保护和管理手段提供参考依据；另一方面藏品价值的多方位发掘，也为藏品利用奠定了扎实的认知基础。在阶段性的意义总结形成后，要回到博物馆工作中，围绕藏品继续开展保护、管理、展示、传播等活动。

在这套研究流程中，第一步与第二步相当于语境化研究的资料准备环节，第三步与第四步则是在馆内开展语境化研究的过程。在资料整理与语境分析时产生的问题，则在第五步与第六步的馆外田野考察与跨机构比较中寻找解决的对策。这样的流程设置让语境理念贯彻于研究的所有环节,同时也细致地给出了如何开展语境视野下的藏品研究的具体建议。

在语境视野下,藏品研究不单是纯粹的学术研究,它与公共传播环节的展览阐释紧密联动,需要为其准备合适的内容资源。这就决定了研究时不仅要深入发掘藏品"本体"的内涵与价值,还有必要认识到藏品作为意义传播"载体"的属性,思考如何更好地促进这些内涵的转化与利用。如果早在藏品研究阶段就尽可能形成认知门槛较低、易于转化利用的研究成果,将会降低从研究到传播业务的对接阻力,也可以减少传播者对研究成果的理解偏差,提高语境化阐释的综合效益。鉴于此,在研究流程的第七步"撰写阶段性意义总结"时,应以语境的思维去呈现研究成果,同时要加强它们在管理、提取、转化、传播等业务环节中流通的便捷性与可及性。

芬兰博物馆协会的藏品价值阐释指南《分析意义》(Analyzing Significance)专门讨论了这个问题。其中一个很明确的结论是,对于藏品研究成果呈现形式的"构造化"(structuring)①整理,是提升研究成果流通与使用效率的重要途径之一。这个结论是通过比较三类常见的藏品信息呈现方式——文档信息(documental information)、价值分级(value class)与意义陈述(signification statement)的区别而得出的。所谓"文档信息",就是我们平时说的藏品编目信息或藏品档案。其内容只是呈现藏品的质地结构、外观形态、历史渊源等,但往往缺乏更多更深入的藏品价值描述和解读。相较之下,"价值分级"的方式在藏品内涵的表现深度与组织结构上更进一步。研究人员将藏品放在历史、艺术、科学或社会等价值标准框架下比照,最后为藏品贴上一个或几个不同级别的价值标签。不过,这类信息往往只给出藏品具有什么价值的结论,却对为什么有这些价值,价值究竟体现在哪里的原因涉及不深。最后一类"意义陈述"的信息呈现方式,既超越了堆砌基础信息的文档编目,也不同于只定性却解释不足的价值分级,而按照构造化的方式重新组织了藏品内涵,形成了一系列信息团块,给出藏品的价值有哪些,为什么有这些价值,以及体现在哪里等。芬兰博物馆协会认为,第三类藏品信息观点清晰明确,初步解

---

① Hayha H,Jantunen S.,Paaskoski L. Analysing Significance[EB/OL][2021-09-10]. https://www.museoliitto.fi/doc/verkkojulkaisut/AnalysingSignificance.pdf.

释了价值所在,有助于激发展览的创意和灵感。即便其内容还未完全做到通俗表达,但因为有了明晰的内容要点以及相支持的价值内涵,策展者重新梳理资源与探寻困惑也不会完全没有头绪。

借鉴芬兰博物馆协会的实践,笔者认为,在语境视野下呈现藏品研究成果时,可以将宏观语境维度作为统领主题,宏观语境与微观语境及藏品之间,藏品与微观语境其他要素之间的关联意义作为主题下的意义总结。参考国家文物局制定的《文物藏品定级标准》中的价值判断标准,将相关的主题和意义总结对应到所契合的价值要点之下。这样就可以形成"价值 A(a 主题、b 主题、c 主题……)+价值论述 A(a 主题解释、b 主题解释、c 主题解释……),价值 B+价值论述 B……"的一系列构造化的藏品意义总结。

在浙江龙游县博物馆的建设中,策展团队试图通过几组从 18 亿年前到 500 万年前的地质标本来讲述龙游大地的地质故事。但这些地质遗物的研究基础非常薄弱,对阐释造成了很大的阻碍。例如,库房中一块高密度岩石标本——

图 6-3　浙江龙游县博物馆石榴石角闪岩标本

来源:作者拍摄

石榴石角闪岩(见图 6-3)，其藏品档案中只有"发现于江山—绍兴拼合带""浙江省重要地质遗迹"等简单记录。"江山—绍兴拼合带"是浙江大地形成过程中的重要地质遗迹，也是展览中需要深入阐释的内容。既然这块岩石与这个遗迹密切相关，那么我们就需要进一步了解：这块岩石究竟是在怎样的背景下形成的？反映出怎样的自然历史变迁？对我们了解龙游的过去有什么帮助？

　　带着这些问题，策展团队与馆员依照着标准化意义解读流程，对该藏品展开了抽丝剥茧的解读。在充分咨询了浙江省地质调查院、浙江自然博物馆、浙江大学地球科学学院等机构的专家观点，以及总结不同步骤研究资料的基础上，策展团队与馆员初步总结了该藏品的意义：

- 石榴石角闪岩与区域地球板块运动

　　发现于浙江省龙游县白石山头的石榴石角闪岩是 8.8 亿至 4.5 亿年前，扬子板块与华夏板块拼合形成华南板块，从而奠定浙江大地的过程中的产物。其原岩为辉长岩，诞生于一次岩浆活动，而这次活动的宏观地质背景，是 8.8 亿年前扬子板块、华南洋板块、华夏板块之间的挤压与俯冲活动。这次地质事件，标志着扬子与华夏两板块拼合进程的开始。4 亿多年后，加里东造山运动将这批原岩从海底被带到地表，在此过程中，岩石在高温高压环境下发生变质，形成红褐色的石榴子石，以及灰黑色的角闪石等成分。与此同时，浙江大地也完成拼合，并留下一条穿越龙游的漫长"疤痕"——江山—绍兴拼合带。在拼合带穿过的诸暨、金华等地区，发现了双溪坞群岩石、石英闪长岩、超镁铁球状岩等岩石，它们与石榴石角闪岩一样，都是这次板块拼合运动的产物。但是，只有龙游的这批岩石见证着浙江大地从分离到拼合的全过程。

- 石榴石角闪岩与区域生态环境变迁

　　石榴石角闪岩折射出浙江大地从海洋到陆地的生态环境剧烈变迁的过程。岩石中包含着大量的大洋地壳元素，证明其曾是海底物质。在龙游溪口镇上北山，留存着一批 4.5 亿年前的超镁铁质岩岩体，这类岩石也是洋壳物质，与石榴石角闪岩在同一时期从海底来到地表。在龙游志棠镇的一处 20 米的地层剖面中，发现了种类与形态相当丰富的奥陶纪(4.7 亿—4.43 亿年前)笔石化石，它们可以细分出 5 种连续过渡的不同类型。超镁铁质岩岩体与笔石化石带，均与石榴石角闪岩在同一地区的同一地质时期存在过，充分说明龙游地区在 4.5 亿年前曾是一片安稳的海洋生态环境。直到加里东造山运动兴起后，华南洋才最终消失，今天浙江大地的陆地格局才得以奠定。

这一阶段的藏品意义总结由两个基于宏观语境维度的主题及内容构成。藏品内涵不仅涉及藏品和宏观地质事件的关系，还分析藏品与同一事件的其他遗迹遗物的联系，勾勒出藏品的生命史轨迹以及语境网络。相比于缺乏系统组织的研究成果，这种信息表达方式已经降低了许多难度，可直接作为与设计师沟通的材料。若仍有时间，最好能对应藏品价值标准，继续对内容细化分块，形成构造化程度更高的意义总结。在本次研究中，策展团队与博物馆方共同整理的最终意义总结，体现为三个方面的价值：

- 历史价值

见证浙江大地 4 亿年板块拼合过程。发现于浙江省龙游县白石山头的石榴石角闪岩，其原岩为辉长岩，诞生于 8.8 亿年前一次岩浆活动中，是这一时期扬子板块、华南洋板块、华夏板块之间挤压与俯冲的产物，此后，浙江大地开始逐渐拼合。距今 4.5 亿年前，辉长岩在加里东造山运动下被带到地表，并变质为今天的石榴石角闪岩。此时，扬子板块与华夏板块拼合形成华南板块，奠定了浙江大地的基础。石榴石角闪岩从原岩形成到变质出露的 4 亿多年历史，是江山—绍兴拼合带沿线的所有地质证据中见证时间最漫长的地质遗物之一，对于建构龙游乃至浙江省的完整地质历史序列有着突出的作用。

记录龙游地区 4.5 亿年前生态环境变迁的信息。在石榴石角闪岩从海底到陆地的生命史轨迹转变中，也记录下了龙游地区从海洋到陆地的生态环境变迁的信息。在龙游溪口镇上北山发现的距今 4.5 亿年前的超镁铁质岩岩体，以及龙游志棠镇的一处 20 米的地层剖面内种类与形态相当丰富的奥陶纪（4.7 亿—4.43 亿年前）笔石化石，它们与石榴石角闪岩一起，共同反映出当时的海洋环境特点。石榴石角闪岩的存在，让我们对 4.5 亿年前龙游地区的生态环境有了全新的认识。

- 科学价值

探索地球板块运动相关知识的重要材料。作为华南板块形成的一系列地质物证的典型代表,石榴石角闪岩为科学家探索地球板块宏观运动的基本机制,如板块运动的原理、板块挤压和俯冲的成因与表现、拼合带形成的过程,以及微观环境的岩性变化原理,如辉长岩向石榴子石、角闪石的变质机理等,提供了很好的研究样本。

- 社会价值①

增进龙游人对故乡的了解与认同感。石榴石角闪岩见证了4亿年浙江大地形成历史,奠定了今天龙游人生存发展的地貌格局、生态环境与历史舞台。通过了解这块岩石的过去,龙游人也就对故乡的理解更深,在此基础上也会更热爱家乡。此外,作为县级建制的地区,竟有见证浙江大地形成全过程的地质证据,这也有利于激发龙游人的自豪感与地域认同感。

价值的提炼使策展人更容易一目了然地把握藏品内涵的要点。同时,不同面向的价值,也为语境化阐释的创意构想提供了一些方向。比如,在历史价值的启发下,设计师意识到该岩石的独特之处在于见证了板块拼合的全过程,而这个信息点的表现需要通过与其他拼合带沿线的岩石标本比较才能得出。于是,策展团队在展品中心柜一侧设置了一面主题为“江山—绍兴拼合带”的展墙,以立体地图结合外挂壁龛的方式,将石榴石角闪岩、双溪坞群岩石、石英闪长岩、超镁铁球状岩等不同地方的岩石,按照发现地点一一对应置入壁龛,并标注其形成时间。新的展览语境既表现出这些岩石都是同一个宏观地质事件的产物,也直观地突显了石榴石角闪岩在见证的时间跨度上的独特性。此外,对于科学价值的认识,使设计师意识到有必要专设一块介绍地球板块运动基本原理的版面,为观众理解核心展品内涵铺垫背景知识。社会价值则时刻提醒策展团队要尝试将过往的地质史和今天的龙游人生活尽可能地关联起来,这样的思考体现在一些展览标题与文字的叙述之中。

遵循标准化的藏品研究流程,并不意味着牺牲研究方法与内容的个性

---

① 《文物藏品定级标准》中并没有专列社会价值。但如果只聚焦于历史、艺术与科学价值,研究者对于价值的认识容易局限在过往的视野,可能会不自觉忽视藏品对于当代群体的切实价值。故在此加入“社会价值”一项,以加强对藏品的现实关联性的关注。事实上,2015年由国家文物局再版的《中国文物古迹保护准则》已经增加了社会价值、文化价值两种价值类型,说明遗产界正密切关注这一价值标准。详细内容见:马庆凯,程乐.从“以物为本”到“以人为本”的回归:国际遗产学界新趋势[J].东南文化,2019,268(2):18-24.

化。标准化的流程只是对于研究需做好哪些准备，可以往哪些方面去探究的研究框架做出了规范，但并不会规定研究人员采取怎样的研究方法与内容，所以依然为个性化探索留下了充足的发挥空间。标准化流程的最终目的，是为了促进研究者更全面地覆盖藏品的多维度内涵，以及为跨学科的交流共享提供沟通平台。只要能实现这样的目标，在具体运用标准化流程时，既可以完全按照步骤顺序一以贯之，也可以在中途几个步骤之间不断回溯、往复（见表 6-2 右侧的返回箭头）。

在实际运用这套藏品研究流程时，选择什么藏品作为研究对象，并不是随机的。对于那些来源与藏迁信息记录相对详细，有一定语境信息基础的藏品，如果同时又涉及展览建设或科研课题，有深入揭示内涵的迫切需求时，开展语境化研究会有更好的效益，可优先选择它们开展试点研究，积累丰富经验后再向其他藏品推广。此外，虽然研究成果的构造化呈现是有必要的，但并不是任何时候、任何研究对象都必须开展，可以分阶段与批次进行。建议对那些即将展出的、亟需语境化阐释的藏品，或者博物馆中已有鉴定基础的重要文物优先开展。如果时间不充裕，也可以先不整理价值要点。其次，可以尝试将这项工作与学术论文撰写相结合。虽然构造化的藏品信息内涵不一定适合直接进入学术论文，但整理、筛选与归纳构造化成果的过程，可以在论文写作的研究思路整理、研究内容查漏补缺以及研究素材搜集等方面提供一定帮助。研究人员可以带着构造化的思维去整理研究资料，在整理资料的过程中顺便完成构造化成果的编写。

三、关联藏品信息：构建藏品的意义互联

藏品信息数据库是博物馆管理藏品信息的工作平台，在博物馆藏品研究、阐释、传播等工作中扮演着重要角色。将语境视野下具有构造化特点的研究成果提炼录入藏品信息数据库，是及时存储藏品语境信息，对接藏品转化利用，奠定语境化阐释基础的必然要求。那么，在中国现有的藏品信息数据系统中，应如何设置体现语境关系的信息登录模块？在语境信息登录的基础上，又该如何开展关联信息的分析分享，以提高研究成果转化利用的效率和效益？

(一)体现语境的信息登录

"第一次全国可移动文物普查"有效推动了全国博物馆藏品信息的数字化登录。《馆藏文物登录规范》对这场全国范围的藏品信息录入工作做出了详细说明,统一了藏品信息的著录标准。鉴于这次藏品数字化建设的影响力与权威性,语境化研究成果的数字化录入,也应尽量在《馆藏文物登录规范》的框架中开展。

《馆藏文物登录规范》将馆藏文物信息划分为三个板块:基本信息、管理信息与影像信息。基本信息就是类别、名称、年代、质地、数量、尺寸等原初性的基础信息。管理信息既包含了总登记号、保存位置等文物管理工作的信息,也囊括了对藏品开展真伪辨别、内涵考证、价值评定的鉴定信息,藏品的流传经历、损坏记录、移动记录、修复记录、展览记录等体现藏品异动的信息,以及著录信息和收藏单位信息等。而影像信息主要指藏品的高清照片[1]。综合来看,语境视野下的藏品信息更适合录入在管理信息板块下的"鉴定信息"字段中,因为这些信息在本质上也涉及内涵考察与价值归纳。而与研究成果相关的参考资料、藏品照片等,则可分别进入管理信息的"著录信息"以及"影像信息"的板块。

不过,由于文物鉴定的操作流程与鉴定意见的表达方式与语境视野下的意义总结不太一致,因此最好在此添加一个诸如"文物价值总结"的登录信息模块。模块中可以设置历史、科学、艺术、社会四个子模块,那些已经整理出价值要点的藏品意义陈述可对应填写。为及时记录意义解读步骤中尚未解决的问题,提示研究人员回溯上游、查遗补缺,还可将藏品解读的七个流程转化为独立的填写模块,附于鉴定信息的"备注"框下,在研究过程中不断添加关键信息。

(二)从"信息仓库"到"意义引擎"

随着中国藏品数字化进程的不断推进,数字化形式的不断丰富,数字化精度的不断提升,文博机构积累大量的文物数字化资源逐渐成为一种常态。

---

[1]　中华人民共和国国家文物局.馆藏文物登录规范[M].文物出版社,2009:1-3.

在藏品数字资源爆发式增长的基础上,还应进一步建构适应博物馆管理与利用需求的藏品主题词表。藏品主题词表本质上是对藏品不同信息特征的概括,也反映出藏品所属的类别。这些主题词的存在,有利于人们在类型丰富多样、信息繁芜庞杂的藏品数据库中,便捷地开展藏品信息的组织、描述、发现、检索、索引、集成、浏览、保存和管理等操作[①]。

将反映藏品语境特征的相关信息转化为主题词,将有望为藏品主题词表的构建提供一种新思路,并给藏品资源利用带来很多现实价值。如果藏品数据库中每件藏品都能附上体现藏品与更广阔的历史主题、环境变迁、社会变革、文化演变或技术革新之间联系情况的"标签",那么在针对某研究对象开展某一语境维度的剖析时,就能更高效地搜取与分析同类语境主题的藏品。这样的数据库,就不再只是传统的记录基础数据的"信息仓库",而是有利于提高藏品研究效率,拓展藏品研究的广度、深度与连接度,并为藏品研究成果的转化利用带来丰富灵感的"意义引擎"。

例如,鹿特丹海事博物馆在登录一批 20 世纪 60 年代的邮轮藏品的具体信息时,保管员将游客的衣物、船舱内的起居品、私人信件、日记本、旅行箱等统一登录到"20 世纪 60 年代""邮轮旅行""旅游经济""休闲娱乐"等标签体系下,然后根据材质特点对应放入不同的分库房内。后来,当策展人试图在展览中呈现不同收入水平的旅行者的旅行箱形态,以及对应的旅游消费偏好时,通过数据库搜索,很快找到了同属一个主题词下的游客信件与日记本,并惊喜地发现上面详细记录了游轮旅行的航线、班次、消费品种与消费数额等[②]。基于这些数据,他们从各库房再次调集藏品,并通过情态化组合,如给旅行箱贴条与配图,重现了一个个游客的旅游消费情境,生动展现出20 世纪 60 年代不同经济阶层的荷兰人邮轮旅游时的"众生相"(见图 6-4)。可以想象,倘若在信息登录时不注重标签的设置与归类,策展团队将很难快速捕捉藏品之间的关联,也不易构思出类似这样简洁明了的展示传播方法。

---

① 张俊娥,王亚林.博物馆元数据标准构建研究:以盖蒂研究所元数据标准为例[J].大学图书馆学报,2018(6):56-64.
② 来自 2018 年 12 月 6 日对鹿特丹海事博物馆策展人 Irene Jacobs 的访谈内容。

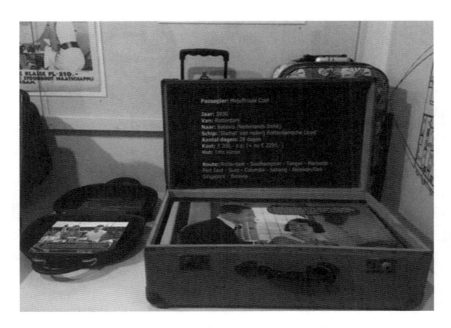

图 6-4 荷兰鹿特丹海事博物馆的旅行箱情态化展示

来源:作者拍摄

如何根据语境视野下的研究成果设置藏品主题词呢? 首先应遵循适用性的原则。适用性一方面是指具体确定什么内容的主题词并没有绝对标准答案,既可以是某个相对宏观的语境维度,比如"生产劳作""宗教观念"或"工业技术"等,也可以是具体到某地域某历史时期的某个颇具影响力的文化现象。只要契合博物馆馆藏资源现状,并尽可能满足管理、研究与利用的需求便是合适的。适用性的另一层含义,是指主题词的设置要适应藏品数据库的正常运作。"标签"的设置并非多多益善。一件藏品被附上许多关键词,固然展现出该藏品多角度的信息,但其中部分主题词的内涵有可能是重叠的,会对研究者的理解造成不必要的干扰。此外,过多类别的主题词也不利于数据库的日常管理。

语境视野下藏品主题词的设置,也应协调好与现有主题词体系之间的关系。国内多数博物馆藏品数据库的主题词,主要基于器物的材质属性或器物类型来设置,如陶瓷、青铜、玉器、书画等。这些标签往往只能呈现出相对单一的质地属性,而反映藏品历史、艺术或科学价值的其他信息特征则未能得到直观的体现。语境信息体现了藏品所处的社会生活领域,将其添入藏品的主题词体系中,将非常清晰直观地体现出物质属性之外的文化价值内涵。不过,基于质地和器型的主题词设置也有方便藏品保管与库房调取的考量,因此,新标签的添加不是对原标签的取代,两类主题词设置思路完全可以共存,供藏品管理与研究人员各取所需。

(三)从"数据浏览"到"故事体验"

正如鹿特丹海事博物馆的案例所显示的,藏品数据库中语境信息主题词的不断丰富,打开了藏品之间互联关系的新空间——当一件藏品同时归属于几个不同的主题词类,那么这件藏品除了原先所属的收藏群之外,与馆藏其他物件之间也具有了更多的连接可能,这将大大拓展对藏品本身乃至整个馆藏体系的认识深度。

事实上,对藏品信息之间的"语境关系网"(contextual networks)[①]的重视,也是近几年国际博物馆藏品数字化建设与利用的理念趋势。一些博物馆人开始借助知识挖掘技术(Knowledge discovery in database)以及大数据处理技术(Big data processing),充分揭示数字信息背后隐藏的关联性。除了在内源性的藏品数据库中尝试这一理念之外,在外源性的线上展览(online exhibition)与在线藏品数据库(online collection database)建设中也有所体现,并开始涌现出一些优秀案例。

基于语境主题词重新集合在一起的各类主题藏品群,本质上已经奠定了讲述一个故事,或者阐释某些现象的基础。如果继续配以翔实生动的说明文字,并将文字与图像资料转化为网页,那么这些重新被语境化关联的藏品群,便有潜力转变为线上展览,或者引入在线藏品数据库,以一种更具亲和力与探索感的藏品信息开放形式直接面向社会公众。在这方面,英国国家战争博物馆[National Army Museum(London)]就做出了一些颇值得借鉴的探索。不同于一般的在线数据库将藏品按照材质或器型的分类方式,孤立化地呈现藏品文字与图像的"数据浏览"的模式,在该博物馆的在线数据库中,藏品信

---

① Jones M. From Catalogues to Contextual Networks: Reconfiguring Collection Documentation in Museums[J]. Archives and Records,2018,39(1):4-20.

息被安置在不同的主题之下，以"故事体验"的模式呈现出来。点击"Explore Collection"，"文化、体育和休闲""政治和抗议""战争与和平"等代表不同语境维度的探索主题中，一个个生动有趣的故事娓娓铺开。例如在"文化、体育和休闲"主题中，就有"灵感来自公主的制服""皇帝的茶饮""来自前线的圣诞祝福"等小故事。每一个故事都像一个微型的线上展览，由标题、前言、组说明、藏品高清照片、藏品信息说明、藏品间的串联文字等组成。在标题、藏品信息中，还设置着一些其他的关键词或标签，以及"探索相关主题"的选项。观众在浏览故事、查询单件藏品信息的时候，也可以通过这些标签与选项，跳转到另外的藏品主题、故事与藏品的页面①。

通过对藏品不同语境信息标签的多重关联，发展出相互联系、引人入胜的藏品主题故事，一方面可以提升在线数据库的展示效果与用户体验，另一方面也是对语境化研究成果的直接利用，也为线下的实体展览开展语境化阐释积累素材资源与阐释创意。此外，在建构藏品之间的语境化关联，发展主题故事的过程中，也反向推动着对这些藏品开展更全面细致的语境化研究，以及语境信息内涵录入与标签设置工作。

---

① 　National Army Museum Explore[EB/OL][2020-09-24]. https://www.nam.ac.uk/explore.

第七章 编织关联网络：
语境视野下的策展方法

在语境视野下，博物馆物始终处于系统、动态和协同的关联网络之中，经过保存关联网络和探索关联网络的努力后，在策展环节，博物馆人需要在公共展示空间可视化呈现物的关联网络，即通过组织空间语言，在物的既往历史语境与现实展览语境的双向运动中，将其历史形态、人文内涵、艺术审美等加以重新组合设计，以观众乐于接受的方式实现展品的文化传播与体验生产。那么，在语境视野下，应怎样提炼设置展览主题与框架？不同"再语境化"类型的展品组群可以被如何构建与运用？在从文本媒介到空间媒介的转换过程中，应遵循哪些设计原则与策略，才能实现物的语境和观众情境的脉络整合，促使观众在身体、心智、情感等层面建构有意义的体验？

一、构建主题框架：基于语境的尺度与维度

博物馆展览通常都呈现出"金字塔"式的文本结构。塔尖矗立着反映展览内容本质与独特个性的"展览主题"，塔身是深入解读展览主题的单元、小节与小组，它们构成了"展览框架"。实物展品、辅助展品、图文信息等占据了"金字塔"的底层。"展览主题—展览框架—展品"的层级结构是一个展览成立的基础前提。如果离开这样的顶层设计，展览主题很可能晦涩不明，展示信息和展品资源将混乱无序，观众最终也将不明所以，传播效益无法得到保障。正因如此，提炼主题与搭建框架，也是博物馆展览内容策划相当重要的一环。

展览主题与展览框架在构建展览语境中扮演着非常关键的角色。同样的展品之所以会呈现出不同的意义，本质是因为不同的展览主题和立意，塑造出不同的展览语境，进而影响到展品的意义构建。此外，展览框架也较大

程度左右着展品在怎样的语境下获得解读。单元、小节、小组等不同类别与层级的标题文字系统，将内容与展品明确地划分在一个个空间区块中。观众与展品的相遇与对话，就是在这些空间区块内发生的。展览框架中的每一个类别或层级，都为观众理解展品内涵提供了一定的视野或角度。这些视野或角度，同样构成了展品被解读的展览语境。

可以说，展览主题与框架是博物馆展览中物的语境的外化表现。因此，在展览建设时，如何规划与构建展览主题和框架，以提示不同展品与广阔社会或具体现象之间的联系，从而为观众与展品开展对话做好铺垫，就成为语境化阐释的关键一环。在语境视野下，策展设计团队可从"语境尺度"与"语境维度"两方面组织展览的主题与框架，形成立体化的叙事结构，并通过"文字语言"与"视觉语言"两种路径将其转化到实体空间中。

（一）揭示物的宏观和微观语境

正如前文提到的，博物馆物的语境可以被区分为两个尺度——微观语境和宏观语境，它们提供了考察物的意义的不同视野范围。基于这样的特点，博物馆可以将物原先的宏观和微观语境转化为不同的展览主题，或者在展览框架中综合表现其宏观和微观语境。在这种阐释框架之下，物不仅得以在重构的关联之网中得到相对清晰明确的解读，在两种视野范围的联系与对比下，其蕴含的文化意义也能得以更全面详细、更具包容性与更富感染力地展现出来。

本书第五章曾提及荷兰国家海事博物馆构建"奥兰治号"主题收藏群的案例。事实上在 2018 年，该博物馆的策展团队基于这些藏品资源和口述记忆，策划了一个名为"奥兰治号：改变的旅程"（*MS Oranje：Changing Course*）的主题展览。该展览由两个独立的小展览构成，其展览主题与视野分别聚焦"奥兰治号"的宏观语境和微观语境。宏观视野下的奥兰治号展览，其前言文字讲述了 1937—1964 年，在经济复苏、第二次世界大战、印尼独立等历史事件下，奥兰治号先后扮演的豪华客轮（1937—1941 年）、医疗船（1941—1945 年）与遣返船（1945—1964 年）三种角色。"最精致的工艺——东印度公司的常规服务""通往生命——二战中的奥兰治号"与"未知的终点——挣扎与去殖民化"三个一级单元分别对应着奥兰治号在不

同历史时期的三个角色。对应历史阶段的船模、文档、用具、照片、影像等
分别安排在各个单元内(见图7-1)。由此,策展人构建了一个呈现奥兰治
号宏观历史脉络的展览框架。

图 7-1　作为遣返船的奥兰治号模型
来源:作者拍摄

　　另一个展览聚焦于以侨民身份乘坐"奥兰治号"回归荷兰的乘客群
体。在这个展览中,"奥兰治号"并不是一个冰冷陌生的历史符号,而是一
个生动的社会生活舞台。展览一侧陈设着10个展柜,里面展出了10位
乘客的个人物品,包括旅行箱、信件、娱乐用品、洗漱用品、相片等等。展览
的另一侧,一支25分钟的第一人称口述影像循环播放着。影像中的侨民都
已进入耄耋之年,回述着从印度尼西亚回到荷兰的个人经历(见图7-2)。船
上的游戏,亲昵的伙伴,回归祖国的期待,让这趟"奥兰治号"之旅点缀着许
多欢乐的回忆。与此同时,敏感、不悦、难以言表的情绪也萦绕在一些侨民
的记忆中。比如,有三位侨民不约而同地提到了这趟旅程给他们带来的身
份认同上的纠结——成长于印度尼西亚的他们,在抵达荷兰之时并没有受

到同胞的热切欢迎。在一些荷兰人看来,他们只是"长着白皮肤的亚洲人"。由于这样的歧视,这些侨民的童年并不快乐。"我究竟是荷兰人还是亚洲人"的身份纠结,引起了他们长期的不安与自我怀疑,直至今日也难以释怀。

图 7-2　某侨民回忆乘坐奥兰治号归国的经历

作者来源

接下来,让我们将目光转向另一个展览。这个位于阿姆斯特丹热带人类学博物馆,名为"重要的事物"(*Things That Matter*)的展览,呈现了另一种基于语境尺度构建展览结构的思路——在单个展览的展览框架中,通过二级框架的"宏观—微观"二元区分,统筹体现物的宏观语境和微观语境。该展览是一个反映当代社会文化现象的主题展览,广泛讨论了包括宗教信仰、跨文化交流、语言文化、服饰文化、气候变化等在内的 10 个全球性的社会议题。在每个议题下,展览悉心展现出不同地域的人群与对其而言非常重要的物件之间的情感联系,以此反映当代人类对上述社会议题的种种态度。

对应 10 个社会议题,展览构建了 10 个一级单元。除了"你是怎么庆祝的?"单元之外,所有的单元又分为 2 个二级小节。每个二级小节分别对应着该主题物件的宏观与微观视野(见表 7-1)。

表 7-1 "重要的事物"展览主题与框架

一级框架	二级框架	主要信息
你如何创造新生活？	上帝与祖先的帮助	欧洲、南美洲和大洋洲与生育有关的传统仪式、习俗和物品
	Riek Hogenelst 的故事	一位 92 岁的荷兰妇女通过一张家庭照片讲述了她 12 个孩子的故事
你信仰什么？	混搭的信仰	基督教、伊斯兰教、佛教等不同宗教是如何相互借鉴和相互影响的
	Jörgen Raymann 与 Richard Kofi 的故事	一位祖籍苏里南的荷兰演员和一位非洲裔的荷兰艺术家反思他们对不同宗教的看法
语言对你而言意味着什么？	书写的魅力	阿拉伯地区的人们如何通过书写文字构建认同
	Annabelle Ledeboer 的故事	一位荷兰女士用一本书讲述了她学习母语的经历和感受
文化在什么时候属于你？	分享还是偷窃？	在流行音乐、时尚艺术等领域的"文化挪用"现象与争论
	Michel Thieme 的故事	一位荷兰艺术家用来自波利尼西亚的文化符号作为纹身素材
你在为什么而战？	抗议、激进主义和宽恕	世界各地的土著群体如何为权利而战
	Shadia Mansour 的故事	一位巴勒斯坦的社会活动家穿着传统的巴勒斯坦服饰抗议以色列政府
什么东西带给你快乐回忆？	音乐、照片和其他时光机器	阿拉伯地区的人们如何受到音乐的启发
	Diana Ozon 的故事	一位荷兰表演诗人反思荷兰诗人的灵感和记忆
你身上的衣服诉说着什么？	衣服的宣言	西非人如何通过服装来建构身份
	Tess Zondervan 和 Marian Markelo 的故事	一名荷兰女孩和一名苏里南妇女重新设计了传统服装

一级框架	二级框架	主要信息
你在什么情况下会感到宾至如归?	你拿走什么? 留下什么?	全球各地移民在搬迁时携带的东西
	Mostafa Betaree 的故事	一位阿拉伯移民谈论他随身携带的家乡物件
气候变化改变了你的文化吗?	当海平面上升	太平洋岛屿的文化在气候变化期间消失
	Sigvald Persen 的故事	一个住在北极的猎人讲述他的捕猎工具,并表达他对气候变化的担忧
你是怎么庆祝的?	全球各地的庆祝!	世界各地用于不同庆祝活动的物件

在博物馆的一楼大厅中,10 个一级单元以 10 个盒子空间的形式呈现出来。每个单元的 2 个二级小节分别展示在盒子空间的内部与外部。例如,在图 7-3 所示的盒子空间中,空间外部的白色句子"你身上的衣服诉说着什么?"是这一单元的标题。空间外部的大照片和个人物品构成了第一小节"Tess

图 7-3　"重要的事物"展览"你身上的衣服说着什么"单元

来源:作者拍摄与标注

Zondervan 和 Marian Markelo 的故事"。空间内部是第二小节"衣服的宣言"，展示的内容是"西非人如何通过服装来构建身份认同"。显然，策展人通过物品与关联人群的联系紧密程度来区分宏观语境和微观语境——内部空间的小节表现的是不同国家、地域或阶层等与物件相对疏远的人群对该主题的思考与物质文化表现，体现出该主题展品原先的宏观语境；外部空间的小节则讲述了不同身份、职业、文化背景的个体与其紧密相依的私人物件的故事，他们有些是物的创造者、使用者，还有收藏者与阐释者等，体现出该主题展品原先的微观语境。

这两个展览案例充分说明，策展人可以在提炼展览主题与设置展览框架时，既表现物的宏观语境，同时又揭示其微观语境。这样的策展思路既适用于多个展示主题的提炼，也可以应用于单个展览内部的展览框架构建。

上述两个国外的展览案例，也为当代中国博物馆展览工作提供了有益参考。首先，博物馆立足物的语境尺度去建构展览主题和框架，将有助于提升展览立意的政治、历史与文化高度。宏观语境往往联系着更广阔的时代背景、更恢弘的空间格局，在这样的视野下确定主题、设计展览、解读历史，将促使展览突破一时一地的视野局限，让展览阐释与展品解读得以呼应文明交流互鉴、经济社会可持续发展、人类命运共同体等时代主题，进而获得更高的政治、文化与历史站位。拥有高站位的展览，在价值观念和思想导向上也能起到更加鲜明的旗帜引领作用，获得更多的社会关注度，取得更好的社会效益。

其次，通过综合揭示宏观和微观语境，物的阐释得以兼具宏大叙事与个体叙事，促使阐释视角更加多样、更加生动、更富温情，有利于丰富博物馆展览传播服务的层次，促使博物馆惠及更广泛的社会群体。与宏观语境相伴的宏大叙事，一方面可以帮助观众高屋建瓴地把握历史脉络、掌握历史规律，但往往略去许多历史的偶然细节，不可避免地会牺牲一些人情味。微观语境的个体叙事中，主角可以涵盖不同的身份、职业、性别与年龄；既可以是主流的、中心的，也可以是非主流的、边缘的；既可以是精英人士，也可以是平民百姓。与此同时，小微叙事的方式往往采用第一人称的叙事方式，讲述的故事也通常是普通人的，这就很容易激发观众的同理心。因此，当展览框架综合展现宏观和微观语境，那么无论是什么类型的个体，即便是长期不被重视的非主流的人群与平民阶层,也能有机会在展览中发声,讲述有细节、有温度、促反思的故事,从而使得展览传播的内容层次更丰富,情感沟通更强烈,满足更多人群的文化需求、认同需求,增强公众对展览的参与度和融入感。比如,"奥兰治号"的策展人在接受笔者的访问时表示,有许多观众反映"个人故事具有强烈的感染力",并且"让他们无比动容"。一些游客第一次了解到原来荷兰侨民回国还有如此敏感的一面。受此触动,"他们开始和当年乘坐过奥兰治号的父母深入交谈"①。

　　在怎样的情况下,适合采用兼顾宏观语境和微观语境的思路去建构展览主题与框架呢? 理论上,任何物都可以从宏观和微观的视野去解读,但是在实际工作中,表现微观语境远比揭示宏观语境的难度要高得多——这需要大量的个体记忆、情感细节和私人物品,这对博物馆的展前研究、收藏准备提出了非常高的要求。这也意味着,只有容易开展微观语境的细节研究和收藏的展览题材,才适合在展览建设中以这样的语境化阐释思路作为核心理念。一般来说,展览内容的历史跨度越长,年代越遥远,私人物品留存的可能性与规模性就越容易不足,细节研究的难度也越高。相较之下,展览内容反映近现代历史,或者当代的社会文化现象、自然科学现象的展览类型,其开展微观语境的细节化研究和个体化收藏的可能性相对更高,更适合将兼顾两类语境尺度的思路作为策展的核心理念。

　　但这也并不意味着那些时间跨度很大,微观语境的研究和收藏很难面面俱到的展览,就完全不能采用这样的语境化阐释思路。在这类展览中,可以缩小这一思路的应用范围,较为合理的运用方式是,在宏大视野主导的展览主线中,只针对那些承载着重要传播目的的展示内容或重点展品群,拓展微观语境下的典型个案。

　　荷兰国家海事博物馆"与你在黄金时代相遇"(See You in the Golden Age)展览讲述了17世纪荷兰航海与贸易发展史,展览中有一系列再现历史情境的投影装置,设立在某些反映重大事件的内容与展品附近。比如在讲述设立荷属东印度公司时,图版信息阐述了远东航线开辟的经过、东亚与欧洲货物贸易的内涵等,在摆设船模、瓷器及航行用品的展柜旁,投影画面中出现

---

①　来自 2018 年 12 月 12 日对荷兰国家海事博物馆事务总监 Vera Carasso 的访谈内容。

了一位船长吃午餐的情景。旁白说道:

> 这是马丁·罗普(Martin Lop)担任船长的第一天,但是他将面临艰巨的挑战。在荷兰到亚洲的漫长航行中,许多人会遭遇坏血病或其他感染病。倘若有人在航海途中不幸死去,根本来不及悼念,必须立即找到新的替代者。罗普船长还能有几次安心享受美味佳肴的机会呢?

策展人在访谈中透露,这种将广阔的历史视野与具体的情境故事相结合的安排,在早期的规划中就已经设定好了:"一开始就把这些演绎的内容,定位次级主题的独立信息团块,并统一安排在后期深化。"[①]在这样的规划下,这些情境演绎装置也构成了和其他展示内容不太一样的独立系统,在展览中以独特的标识与构造方式突显了出来。这个案例说明,在时间跨度较大的历史展览中,若想在展览框架中局部地体现两个语境尺度的联系与对比,只需在深入拓展微观语境的内容标注特殊的内容团块即可。这种设置有助于时刻提示策展人与设计师,在进行文本与设计深化时统筹考量两种语境尺度间的联系。

(二)构建物的多元语境维度

正如在物的语境结构分析时提到的,物的语境由社会的、经济的、政治的、文化的、宗教的、技术的等不同面向但又有所交叉的多元维度(multi-dimensions)所构成。每一个语境维度联系着与物相关的特定知识领域或社会生活领域,实际上构成了认识和揭示物的意义的特定视角。鉴于此,当展览主题或框架体现出展品或展品组群的一个或多个语境维度时,观众就有可能主动留意展品与广阔社会的多重联系,而不是孤立片面的,或者仅停留于美学层面认识它们。基于物的多元语境维度,可采用"整合""对应"与"提取"等策略,突破藏品解读的单一视角局限,为观众提供更具整合性与更富新意的叙事内容。

---

① 来自 2018 年 12 月 12 日对荷兰国家海事博物馆事务总监 Vera Carasso 的访谈内容。

● 整合:从单一视角到多元视角

所谓"整合"的思路,指的是将展品涉及的多个语境维度,引申转化为展览的不同单元板块,从而形成整合多个解读视角的展览框架。这种思路比较适用于那些展品资源为单一学科领域或质地类型的展览,比如物质文化专题展、行业专题展等等。这是因为,这些题材的展览通常依托于专门的学科知识体系,在传统的策展思路中,很容易陷入相对单一的阐释视角。比如,展示某个行业发展史时,只见行业本身,却不见行业发展背后的社会制度、经济环境与技术范式等多种社会驱动力。再如,展示馆藏的某种工艺品时,只体现物质构件和工艺行为,却不注重展现工艺背后的社会心理、大众需求与价值观念。如果一直停留在这样的展示视角下,展览阐释就"只见树木,不见森林",很难体现广度与深度。而当策展人立足物的多个语境维度去设置展览框架时,就有可能在广泛多元的自然、社会与文化的视野下去呈现物的意义的方方面面,这无疑可以提升展览的内容层次和思想高度,促使观众收获更多的思考启发与更丰富的参观体验。

荷兰莱顿的布尔哈夫博物馆的"疾病与健康"展览就是一个好的例子。在主题设置上,该展览通过主标题与说明文字、主题展品和展览氛围,综合揭示出展品原先的多元情境维度。"医学以科学为基础,以受过实际训练的医生的客观知识为基础,与患者一起在各个社会领域与疾病进行了可怕的斗争……"——展览开始的主题文字说明就将单一的医学学科置入整体的社会文化情境中。接下来,主标题附近的墙面悬挂着四件主题展品,它们是创作于 17 世纪的油画,依次描绘了四个在社会大众眼中的医生形象:为垂死之人带来生命希望的救世主(Christ)与天使(angel)(见图 7-4),迫使穷苦人为其服务付费的凡人(human being)甚至恶魔(demon)。这些油画很容易引起观众对于医学与广阔社会之间关系的思考。此外,整个展览空间透露出简朴的医院氛围:展台造型提取了病床的元素,洁白的墙面上不断切换着投影画面,有的体现出医生与患者的关系,有的展现了战地中的医护人员,有的则是临床实习的医学生(见图 7-5)。上述展示手段都向观众传达着展览的核心主题:医学及展品,不只是关于手术刀和卫生知识,而是被包裹在复杂交错的社会关系之中。

图 7-4 "疾病与健康"展览入口的两件主题展品

来源:作者拍摄

图 7-5 "疾病与健康"展览内景

来源:作者拍摄

在展览框架的各层级标题与说明文字中,也体现出物与原先的多元情境维度的联系。展览由"医院""实验室"和"未来"三个一级标题构成,在其下一层级中,策展人将医学领域的特定议题转化为不同的二级标题(见表 7-2)。从表格可看出,三个一级板块从医生和技术延伸到法律、教育、家庭、政府、战争、社会心态、跨学科知识、经济与产业、伦理道德等多个情境维度。在多重视角下,医学展品由于去语境化而被遮蔽的多元信息得以重新打开,观众得以从更综合、更多元、更新鲜的视角去重新审视医学展品,为促进观众与物之间的深层对话奠定了基础。

表 7-2　荷兰布尔哈夫博物馆"疾病与健康"展览主题与框架

主题	一级标题	二级标题	主要内容
荷兰医学的发展	医院	诊断	将诊断应用于平民体检中是立法规定的
		病理学	医学教育培养专业医生
		分娩	过去,家庭在分娩中扮演着至关重要的角色
		统计	政府如何承担起保护公众健康的责任
		手术	战争导致了更专业的手术技能
		手术室	社会卫生意识帮助手术室变得一尘不染
		心电图	医学知识的范式转换
		反射治疗	化学知识如何应用于治疗
		医疗机器	机器技术的发展使患者能够长期存活
	实验室	医学实验室	实验和改进的仪器使科学家能够在受控环境中研究人体
		细菌的发现	玻璃工业导致了显微镜的发明,基于此科学家才能够发现细菌
	未来	为科学献血	未来医学的伦理困境
		非人类供体器官	
		附加记忆体	
		永生不死	

　　青铜器、古钱币、陶瓷器等,是综合类、历史类博物馆中常见的馆藏类型,依托这些馆藏精品策划专题展览也是非常普遍的做法。在这一类的展览题材中,策展人也可以尝试整合语境维度的思路去搭建展览框架。比如,在策划"青铜镜"为主题的展览时,除了呈现铜镜的物质构造、制作技艺之外,镜子背面文字体现出家族作坊经营的经济学与社会学维度,铜镜作为装饰理容的实用工具,以及蟠螭、八卦等驱邪纹饰或铭文所体现的古代观念与信仰,也都可以规划单元板块,构成一个全方位阐释铜镜文化的小型展览。再如,策划以古代钱币为主题的展览时,策展人也可以大胆地从"钱币=商业贸易"的单一思路中解放出来,进一步挖掘钱币造型与铭文背后的政权更替和意识形态,钱币重量起伏背后的社会经济状况,钱币与中国人的精神信仰,钱币折射的书法艺术变迁等等,并将这些次主题转化为单元板块,构成多角度解读钱币文化的展览框架。

　　语境维度不仅包含人文历史,也涵盖自然地理。认识到这一点后,整合语境维度的策展思路,还为博物馆开展自然与人文之间的"跨界"与"对话"打开了新的通道。

　　每年的春节之际,许多博物馆都会推出的十二生肖主题展。在传统的策展思路下,历史类博物馆往往会基于馆藏的历史文物资源,从生肖的历史、传说、民间信仰、吉祥寓意等人文历史的角度搭建展览框架;自然类博物馆则通常在梳理馆藏动物标本的基础上,从生肖动物的生物演化史、生物属性等自然科学的角度形成展览结构。这样的策展思路中规中矩,但长此以往必然会产生同质化问题,不容易给观众带来新鲜感。在整合语境维度的思路下,历史类博物馆可以在传统的人文历史维度中,增添自然科学的视角,比如在生肖的人文历史之前,增加一些这类动物的生物分类学、生物行为学的单元板块;自然类博物馆也可以更大胆地拥抱人文历史的学科视野,在相对严肃的自然科学框架中,添加一些反映生肖文化、动物与人类关系等富有人文情怀的内容。当这两类博物馆都有意识地突破学科分野的束缚,在整合自然法则与人文精神的展览框架下解读生肖文化时,将很大程度提高展览的原创性与独特性,为观众制造出更多的惊喜。

　　许多博物馆都会收藏一部分精美的手工艺美术品,它们往往取材于大自然,由工匠形塑躯体,并赋予艺术灵魂。在它们的选材、制作与创作的生命史过程,通常涉及自然与人文两大语境维度。在策划以这种展品资源为主题的展览时,也非常适合采用整合语境维度的思路。笔者曾策划过一个以"根雕"为主题的展览。根雕的诞生,往往需要经过自然状态的树木,工艺状态的处理、加工,以及艺术创作状态的题材雕刻三大阶段。当根雕作品成型,依然保留着树木本身的形态与气息,因此根雕常被认为是"七分天然、三分人为"的艺术。由于根雕在通常意义上归属于艺术领域,因此很多策展人容易形成思维定势,仅仅按照艺术创作题材的分类方式,通过自然类、人物类、神仙类、传说类等单元结构去展示根雕。在这样的情况下,根雕只能呈现出静止的终端形态,无法真正体现出根雕艺术独有的自然与人文交融的特性。区别于这种单一、固化的策展思路,笔者重点关注"根"被"雕"为"根雕"的三个生命史阶段所涉及的自然、技艺和艺术三个视角,并以此为基础,设置了"自然·生意""人工·匠艺"与"艺术·物语"三个单元板块去讲述根雕的故事(见表7-3)。展览框架中体现出的自然与人文的跨界交融,不仅在根本上契合了根雕艺术的特性,使根雕回归其产生的动态语境中得以阐释,而且也为观众提供了一个重新欣赏根雕艺术的全新视角和颠覆体验。

表 7-3　某根雕艺术展的展览主题与框架

展览主题	一级框架	二级框架
生命史视角下的根雕艺术	自然·生意	大地之根
		寻根之旅
	人工·匠艺	雕工匠意
		根雕之美
	艺术·物语	临摹自然
		芸芸众生
		万佛朝宗
		中华故事
		丝路传奇

● 对应:突出物的核心意义

"整合"展品的多个语境维度的框架搭建思路,比较适合基于单一类型展品资源的专题性展览。然而,当我们面对展品类型多样、内涵广博的多类型展品资源的展览，比如地方人文历史展览时，"整合"的思路就很难适用了。这是因为，前者只需针对一种物展开意义阐释，目标是充分展现其多方面的价值内涵。在这种情况下，语境维度拓展得越多，目标就越容易实现。而后者需要调动多种类型的物去讲述一片土地的历史进程与人文特征，目标是凸显地域特色。此时，重要的不是围绕某一类物品开展多角度阐释，而是提炼并展示每一类物的核心意义，以支持展览主题的体现。在此情况下，物的语境维度就不宜做加法，而应做减法，只留下最能凸显地域特色的语境维度，其他无关紧要的语境维度需要被精简甚至删除。

在这样的展示资源和展览目标下，综合性题材的展览更适合通过"对应"语境维度的思路来设置展览框架。具体来说，一方面，策展人需要深入研究这片地域的历史文化渊源，了解地域发展可被区分为哪些历史阶段，不同阶段有哪些社会生活领域（语境维度），不同领域内发生了哪些重要的事件，涌现出什么关键的人物，基于这些研究，将社会生活领域转化为相应的展览单元或小节；另一方面，努力研究这片土地在历史进程中遗留下了哪些重要的藏品资源，它们分别与哪些语境维度有关，其中最能凸显地域特色的语境维度与相应的文化意义是什么，然后将相关展品对应置入到最能体现主题的展览单元或小节中。最终实现展品、语境维度以及展览框架的对应。

策展人必须清醒地认识到，参考语境维度建构展览框架，绝不是面面俱到地简单罗列多种社会生活领域，而必须充分结合历史文化资源与藏品资源的特点来反映不同历史时期的地域生活。毕竟对于任何博物馆而言，无论在时间线还是社会生活门类上，藏品资源的分布都存在不均衡的现象，一味追求系统性的展示框架是脱离现实的做法，容易造成内容叙述与展品内涵的脱节。鉴于此，策展人应该尽量针对那些资源比较集中，能很好彰显地方特色的生活领域建构框架层级。如果某些生活领域特色不鲜明，藏品资源也很薄弱，可考虑合并入相关的其他生活门类中。

笔者在搭建浙江省建德市博物馆历史厅基本陈列的展览框架过程中，就有意识地加入了这方面的思考（见表7-4）。一方面，我们将建德地区不同历史阶段的生活领域中最具地域特色和历史影响力的文化遗产、历史事件、现象与人物，如先秦时期的越人部族（经济与文化维度）、汉代的后湖汉墓（经济

与文化维度)、三国的孙韶建功立德(政治维度)、唐代的睦州治所(政治维度)
与睦州诗派(文化维度)、明代的严州城(政治与技术维度)等作为单元下的小
节主题。在每个小节中,以这些特色的遗产、事件或人物为核心,吸纳整合对
应生活领域的其他零散资源。另一方面,我们也依照资源的客观情况,只表
现有较丰富的藏品资源支持的语境维度。从展览框架中可以看出,有的单元
的语境维度较多(比如"唐宋时期的州城往事——隋唐宋元时期的建德"),有
的单元的语境维度较少(比如"从远古的'建德人'起步"——远古时代的建德
历史)。有些情况下,由于某一语境维度相关的资源较丰富,我们还将其拆分
为多个细分维度(比如"唐宋时期的州城往事——隋唐宋元时期的建德"下有
两个反映政治维度的小节)。

表 7-4　浙江省建德市博物馆历史厅基本陈列的主题与框架

主题	一级框架	二级框架	对应的语境维度
建德人文历史的发展变迁	从远古的"建德人"起步——远古时代的建德历史	5 万年前的人类遗迹	无
		5000 年前的文明之旅	经济(农业与手工业)
		先秦时代的越人部族	经济(手工业)
			文化(族群观念)
	建德封侯与东吴立县——秦汉六朝时期的建德	撒落在汉墓中的记忆	经济(手工业)
			文化(墓葬礼制)
		流寓建德的两位高人	文化(民间传说)
		建功立德的宏伟志向	政治(政治建制)
	唐宋时期的州城往事——隋唐宋元时期的建德	从睦州治所到严州府	政治(政治建制)
		兴农重教的州府名宦	政治(官员治理)
		唐诗之路与睦州诗派	文化(诗歌文学)
		名刹高僧与悬空之寺	宗教(民间信仰)
			技术(建筑营造)
	三江之畔的明清岁月——明清时期的建德	风起云涌的严州之域	政治(政治建制)
			技术(造城技术)
		文化科举的历史遗存	文化(书院教育)
		四方通达的三江码头	经济(交通商贸)

在这个案例中,策展人在依照资源分布特点设置语境维度的同时,主动凸显出各个语境维度中最具特色、最有故事性的遗产资源,这就让展览就像是一连串沿着时间轴分布,相对独立的反映不同语境维度的历史故事集合体。这样的展览框架不仅能加强展览内容与展品资源之间的主题对应性,同时也强化了展览的叙事性,一定程度提高展示的感染力和传达力。

● 提取:发掘意想不到的视角

对于综合性的展览题材,除了采用"对应"的思路之外,还可以尝试"提取"的思路,也就是从展品资源涉及的多个语境维度中,提取出一些对解读展品内涵、传达展览主题十分关键的语境维度,在重要性上区别于其他的语境维度,将其作为展览的核心主题与主导视角。

浙江省金华市博物馆就采取了这样的策划思路。"百工之乡"的常设主题展览,从人文地理学的视角切入,在自然地理与手工商贸的语境维度下,解释了金华作为世界闻名的"百工之乡""五金之城"和"小商品之都"的城市特色的由来。展览将金华地区特有的红土地作为贯穿展览的关键主题,通过直观展现金华密布红壤的自然地理条件,以及随之而来的不适宜种植水稻粮食作物的事实,叙述了勤劳的金华人如何在手工业与商贸上不懈努力,并最终超越红土地,绽放出绚丽的工商之花的历史过程。在这个案例中,"自然地理"与"手工商贸"的语境维度被专门提取出来,上升到一级框架的高度,统摄整个展览。政治、文化、观念等其他语境维度则退居二级框架。通过这样的设置,展览得以不断强化"红土地"与"工商"两个关键词,引导观众从自然地理和手工商贸的视角去重新理解金华这座城市的特色和亮点。

除了地方历史类展览外,在地方民俗文化/非物质文化遗产类的展览中,也可以采用"提取"的思路。其中一个值得尝试的方向是,将自然地理维度提取为整个展览的核心主题。我们都知道,民俗文化/非遗的本质是生活现象,物质生产民俗、生活民俗、民间信仰等民俗事象实际也涵盖了经济生产、社会结构、文化观念等语境维度。对于这类题材,很容易采用"对应"的思路来做,也就是将物质生产、生活、娱乐、信仰等,转化为几个平行单元,将相应的民俗物件置入其中。事实上,这种做法在国内地方民俗文化展览中也很普遍。然而，这看似符合民俗事象的分类逻辑，实际上不利于表现民俗文化的本质。这是因为深刻影响地方民俗文化特质的地理环境的语境维度，没能得到充分的体现。从民俗文化的产生与存在方式看，大多数民俗的产生与演变通常和本地的自然环境与物产资源密切相关，一些民俗活动的传承还需要在特定的自然与文化空间中进行。丹·本-阿莫斯（Dan Ben-Amos）指出，自然环境构成了民俗文化语境网络的关键一环[①]。如果只是将分门别类的民俗事象直接呈现在观众眼前，却不在其之前铺垫必要的背景环境等信息，在地理环境被弱化表现的情况下，全面揭示民俗文化内涵的展览语境也变得不完整。在这样的设置下，观众往往只能记住一个个看似热闹的"摊位"，却无法很好地理解民俗在这片土地上产生的原因，不同民俗之间的关系，以及民俗在本土生活中扮演的角色等。

为揭示地方民俗文化的深层内涵，以及更全面地展现自然环境与人类生活之间的互动关系，策展人可以尝试将经常被遮蔽的自然地理与物质环境的语境维度重新唤醒，提取转化为展览主题，并贯彻到各个展示单元。这种思考在浙江省台州博物馆民俗厅得到了实践（见表7-5）。台州市位于浙江省东南部，拥有山地、平原与海滨三种不同的地貌环境，在不同的地理区域下形成了不同的生产与生活方式，以及人群习性的差异。在策展过程中，我们紧扣这样的地理与文化特色，从地理环境的语境维度去阐释地方民俗文化内涵。展览在"大地的情怀——文化地理学视野中的台州民俗文化"的主题下展开。在结构上，展览将自然环境作为第一层级，按照地貌特征划分出山谷、泽国与海滨三个单元。在第二层级中，为每个地理单元都设置"环境与资源"的小节，然后按照"生产—生活—信仰"的从物质到精神的递进关系，将分散的民俗事象与展品进一步打包，纳入"劳作""生活""祭祀与庆典"的另外三个后续的小节中[②]。这样的设置让任何民俗展品与现象，都处在"地理环境—民俗生活"的语境之下。观众也是在充分了解地理环境与物质资源的基础上，再去体会台州不同地域人民的物质生活与精神世界。

---

①　Ben-Amos D. Context in Context[J]. Western Folklore, 1993, 52(2/4): 209-226.
②　毛若寒. 文化地理学视域下对地方民俗展览构建的探索[J]. 中国博物馆, 2018(1): 51-57.

表 7-5　浙江省台州博物馆民俗厅的展览主题与框架

主题	一级框架	二级框架
台州的山、海、泽地理环境产生了三种不同的民俗文化	山谷之民	环境与资源
		山民的劳作
		山民的生活
		祭祀与庆典
	泽国之民	环境与资源
		农民的劳作
		农民的生活
		祭祀与庆典
	海滨之民	环境与资源
		海民的劳作
		海民的生活
		祭祀与庆典

必须说明的是，将地理环境的语境维度作为主导视角去阐释地方民俗文化的做法，并不是对任何地域都是适用的。一般来说，只有当该地域的民俗文化确实与自然环境存在较高的关联度时，这一思路的可操作性才会越高、效果才会越好。

无论是整合、对应或是提取，这些思路运用于展览主题与框架设置时，都有利于让"去语境化"的物重新回归到一个或多个语境维度下得以"再语境化"，传达出一个或多个方面的含义。尤其是整合与提取两种思路，可以帮助策展人突破传统思维的束缚，为观众提供更多、更新奇的接近展品的途径。这些思路都有助于加强选题构思与展品解读的个性化特征，丰富让文物活起来的多种手段，激起观众对展览的好奇与兴趣，使展览的文化传播满足更多人群的需求。

（三）语境维度与尺度的空间转化

前文聚焦展览的内容策划环节，在文字与观念的层面，讨论了立足物的语境尺度与维度设置展览主题与框架的方法。接下来，这些体现物的语境的主题与框架，还要通过设计与布展落实到展览空间中，通过视觉与空间的方式被观众感知与理解。

这样的转换可以通过"文字语言"和"视觉语言"两种手段实现。所谓"文字语言",即在展览空间中的符号信息,常见的是不同层级的框架标题和文字说明,是传达语境维度与语境尺度的显性渠道。文字语言直接书写出策展人的观点,通过直接阅读单元、小节、小组的文字内容,观众得以将展品与广阔的社会文化背景联系起来,在展览语境中进一步认识展品的内涵。所谓"视觉语言",是诸如空间关系(大小、高低、紧密、前后等)、造型要素(圆形、方形、尖角、不规则等)、材质要素(石材、木材、钢材、塑料等)、色彩基调(不同色调、色温、色价)、光影效果(不同照度、分布、冷暖)等视觉信息,它们构成了传达语境维度与语境尺度的隐性渠道。相较于文字语言,视觉语言的信息传播比较隐晦,但如果表达得当,还是能借助其感性传播的特点,激发观众对于主题和框架的联想与想象,从而感知与理解策展人设计的展览语境。

● 文字符号的层级转化

展览框架一般存在两种关系:一是递进关系,即单元、小节与小组自高而下的等级关系,随着高等级框架向低等级框架递进,展品或展品组群的语境范围越来越具体明确;二是平行关系,即同个层级的不同单元、小节或小组之间的关系。这两种关系往往反映着不同语境维度或语境尺度之间的关系。能否清晰有效地呈现这两种关系,对于语境的感知和理解至关重要。

然而,从策划文本到展览空间的转换过程中,由于传播媒介的切换,将引发主题与框架的表现方式与认知模式的巨大改变。这就为语境的空间转化蒙上了不确定的阴影。

首先,展览框架的各个层级被安排到展览空间的各个角落,这大大增加了观众对主题与框架及其语境的认知难度。在阅读以书面文字呈现的内容大纲时,展览框架的递进关系与平行关系理解起来并不困难。这是因为,尽管各个层级的展览框架也分散在字里行间,但读者的视域范围始终落在占据一定面积的平面纸张上,这使得信息的获取并不困难。与此同时,读者也可以通过返回浏览的方式,反复地回忆与巩固单元或小节的印象,从而建构起对展览框架及其语境的整体认识。然而在展览空间中,由于观众面对着的是具有纵深感的立体空间,需要在不断寻找和确定方向的过程中,从分散的标题文字中,自行整理展览框架的递进关系与平行关系,这无疑是更加耗时且费力的过程。此外,由于许多展览都不鼓励观众走回头路,观众通常也不会有意识地去回忆看过的层级框架。总体而言,实体空间中的认知复杂性,给观众理解展览框架及其语境带来了极大的挑战。

其次,空间中各种视觉媒介的涌入也很大程度抢夺了观众对展览框架及其语境的注意力。在书面文字中,无论是层级框架,还是框架下的展示信息与展品资源,都是以文字或者图像的方式呈现的,读者不会受到其他媒介的干扰,注意力比较集中,能比较高效地认识与把握展览框架及其语境。然而,在展览空间中,除了文字和图像之外,还有造型、影像、场景、雕塑、绘画、互动装置等多种多样的媒介。由于其视觉性突出,在展览空间中往往比文字和图像具有更高的吸引力。当这些视觉媒介服务于展览主题和框架的传播,自然有利于辅助观众理解物的语境。然而,如果设计与规划不当,就会成为观众留意与把握语境的干扰项目。

鉴于此,为使展览的主题框架及其语境,真正有效地落实到展览空间中,被观众留意、体会与理解,策展设计团队应尽可能清晰有序地在空间中编排展项位置关系,彰显展览框架的层级关系,突出"文字语言"的吸引力,并减少无关主题的视觉媒介的干扰。具体可有两种设计思路:一是通过标题文字系统的版面设计以及展览走线规划,使分散在空间中的不同等级的层级框架秩序井然、醒目明了;二是提供展览框架及其语境的导览信息,帮助观众建构起对展览框架及其语境的整体认识。

对于前者,一方面可通过标题文字系统的字体、字号、字间距的等级化设计,即对越高等级的标题系统,采用越醒目的字体、字号与越宽松的字间距与行间距,从而形成在视觉上层次分明的标题系统;另一方面设置强制性较高的、相对闭合的单一展览走线,使观众无需耗费时间和精力辨识前行的方向与路径,前行的路线与展览框架的递进逻辑基本一致。通过上述两种设计手段,展览空间内便会形成比较明晰的框架逻辑,虽然一定程度牺牲了观众行走的自由性,但是能有效地引导观众顺着从高级到低级的线索参观,在此过程中也能对周边展示单元的其他平行内容开展联系与比较,从而更全面地把握展览主题和框架及其语境。

对于后者,可设计一些便携式的导览手册,或者设置固定的展览空间平面图,图中可注明展览的单元、小节、小组以及重点展品的分布情况,同时描述不同层级框架所体现的语境维度或尺度。这样的导览图,相当于一本书的提纲或目录,通过阅读导览图,观众虽然仍然在分散化的层级框架内行走,但却能更主动地留意展览框架的分布位置,更自觉地建立起框架的概念体系,并时刻知晓自身所处的框架位置,相关的语境维度或尺度,以及语境之下的展品组群。

另外,为改善展览框架的文字吸引力低的问题,策展设计团队可在文字版面设计中,对于一些重点提示语境的文字信息,进行加粗、加底线、提高色价的处理,或者通过发光的标题,采用更醒目的光色与照度等方式,来吸引观众的注意力。同时,还可考虑适当扩大单元、小节、小组等文字版面与造型、影像、场景等高吸引力展项之间的空间距离,尽可能使这些层级框架在展览空间中突显出来,被观众充分留意。

● 展陈布局的隐喻表达

主题与框架所体现的语境,往往是一些社会生活领域,或者某地域的自然或社会环境,或者一些学科门类。前言、单元、小节、小组等文字语言,固然是最直接体现这些语境的媒介,但是描述这些语境的文字,仍然属于比较抽象的表达。同时,文字的符号性特征也导致其无论如何设计,依然不具有最突出的吸引力,因此,如果只重视文字版面设计,仍然不足以引起观众对语境的留意,完成传播目的。为此,设计师还需要从空间、造型、色彩、光影、肌理等视觉语言着手辅助展示主题与框架,传达策展人设计的语境。

那么,这一过程如何实现? 笔者认为,策展设计团队可从主题与框架体现的语境中,提炼出最具辨识度的要素,应用于空间安排、造型设计、色彩选择与光影营造上,形成某些视觉隐喻(metaphor)。所提炼的视觉要素应契合大众心理,能引导观众开展一些联想与想象,从作为"喻体"的视觉要素,牵引向作为"本体"的时间、空间、人群关系、生活领域等语境信息和展品意义。视觉隐喻的手法包括空间隐喻、色彩隐喻、光影隐喻等。

观众在博物馆中建构意义,是通过行走于规划好的路线,以身体在空间中运动的方式实现的。展品之间的空间关系,比如疏密关系、对称关系、高低关系、前后关系、大小关系等,都可以寓意不同的内涵,进而帮助观众理解展览的语境。在山东博物馆的"衣冠大成——明代服饰文化展"的设计中,设计团队采用了空间隐喻的手法。为揭示第一单元中朝服、公服与命妇服饰背后的社会等级与身份差异的政治内涵,设计师借用中国传统建筑"轴对称"的概念,设计了两组中轴线（见图 7-6）。正对着展厅入口中轴线的视觉尽头，放置着朝服，象征着高等级权力。从门厅走向朝服，这个衣冠长廊不仅让观众感受到服饰的历史变化，也塑造出一种循序渐进、仰望朝拜的感觉。朝服东西两侧延伸出另一条中轴线，分别是公服与命妇服饰，对称地陈列在朝服两侧，象征着次一等级的权力，以及服饰背后的性别关系。原本抽象的社会政治概念，在观众的身体运动中，被很好地转化为具象体验，加深了观众对于古代服饰礼仪的理解。

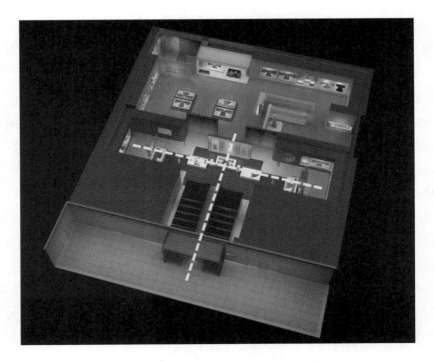

图 7-6 "衣冠大成——明代服饰文化展"鸟瞰效果图

来源：设计公司提供，作者标注

色彩与照明不仅塑造着展览的艺术风格，也深刻影响到观众的情绪与感受。色彩心理学中，不同的色彩通常有着不同的象征意味，比如红色经常使人联想到力量、勇气与激情；绿色则令人联想起通畅、生长、健康与自然等[①]。

---

① 金容淑，武传海，曹婷. 设计中的色彩心理学[M]. 北京：人民邮电出版社，2011.

展示照明设计营造出的光环境①,则能很大程度调节展示空间的层次感,营造视觉注意力分布,塑造观众的心理情绪。掌握类似的视觉语言和心理规律后,设计师可结合不同的语境特征,设计不同的色彩与照明方案,通过色彩隐喻与光影隐喻的方式,辅助传达主题与框架所体现的语境内涵。

在"奥兰治号"的两个展览中,为区分出两种尺度的语境,设计师在宏观语境统领的展览中,采用象征奢华的紫色、寓意生命健康的绿色,以及象征东亚文化的黄色三种色彩,作为豪华客轮(1937—1941 年)、医疗船(1941—1945年)、遣返船(1945—1964 年)三个单元板块的基础色调。在照明设计上,采用暖色光、高照度,烘托出明亮开放的环境氛围。这样的色调选择与光影处理,呼应着不同单元对应的不同语境维度。从微观语境切入的展览,其基础色调与前一展览的第三单元一以贯之,反映出该展览体现的微观语境处于二战后印尼独立的宏观背景下。展览内的口述影像空间,设计了偏灰冷色光、低照度的光环境,营造出幽暗封闭的氛围,寓意奥兰治号侨民的内心私密世界。

类似的思路还体现在台州博物馆民俗厅的设计中。为突出表现三种不同的自然地理语境,设计团队从山地、平原与滨海的自然景观地貌中提取出黄、绿、蓝三种最具代表性的色系,应用于各个单元的导引标识、图文版面与灯光照明中。在光与色的区分下,各个局部地域景观内的生态环境、生计、生活与精神信仰等内容,也得以在视觉层面嵌入自然景观的整体语境中。

空间、造型、色彩与光影等各种视觉隐喻的综合运用,能更传神地体现展览的语境信息,并极大增强展览体验的沉浸度。在丹麦海事博物馆(Maritime Museum of Denmark)一个关于航海技术的常设展览中,一个单元集中展出了19—20 世纪丹麦的航海模型与导航仪器。这些物品早已从"海洋"的自然语境与"航行"的技术语境中脱离出来。设计师着眼于这些器物共同的使用环境——海洋,从北欧的海洋景观中提取出冰山、海浪等视觉符号,一方面将展台设计为冰山的造型,将反映不同原理和功能的导航仪器置入其中;另一方面在这些展台背后的半围合展墙上,投影表现航海家视角下漫无边际的海洋景象(见图 7-7)②。不规则的冰山造型和海洋氛围,构成了这个展区的统一视

---

① 光环境是指由光(照度水平和分布、照明的形式)与颜色(色调、色饱和度、颜色显现)在室内建立的同房间形状有关的生理和心理环境,该定义引自《民用建筑电气设计规范》(JGB/T 16—2008)。

② 来自 2018 年 11 月 21 日对 Kossmann. Dejong 设计公司总监 Herman Kossmann 的访谈内容。

觉印象,带给观众强烈的沉浸感,提示观众留意航海器物的自然背景和技术
语境。该展览的设计总监赫尔曼·科斯曼(Herman Kossmann)这样解释他
们的设计意图:"漂浮的冰山,无尽的海洋,在多种视觉媒介的综合作用下,观
众仿佛真的置身于凶险的海洋。在这种情况下,航海仪器及其技术才能带他
们逃离危险,这便揭示了主题。"

图 7-7　丹麦海事博物馆的航海仪器展
来源:赫尔曼·科斯曼(Herman Kossmann)提供

二、设置展品陈列:空间关联与可视化表达

如果说主题与框架层面的展览语境,是从相对宏观的层面,为观众铺垫
了解展品内涵的视角与视野的话,那么展品组群层面的展览语境,则是从相
对微观的层面,搭建出观众与展品深层次沟通的观察平台。由于展品组群构
成了展品最直接的语境,占据着观众参观过程中最大比例的注意力,因此,这
一层面的语境传达与意义构建,直接影响着语境化阐释的直接效果。在展览
空间中,形态各异、体量不一、属性不同的展品分布在空间中,往往呈现出相
对独立与静态的状态。为了更好地构建与传达展品组群的语境关系网,策展
设计团队需要精心经营展品组群之间、展品组群内部的空间位置与主次关
系。由于"同时空同语境维度"与"异时空同语境维度"这两类展品组群基于

逻辑与抽象的语境关系，自明性的不足对可视化设计提出了更高的要求。

（一）选择合适的展品组群

正如本书第三章所归纳的，"同时空同微观语境""同时空同语境维度"与"异时空同语境维度"这三种类型的展品组群，都在不同程度上让"去语境化"的物，回归意义之网，为观众提供了解读意义的脉络，是语境化阐释在展品布局层面的展示目标。但是，这些展品组群分别适用于哪些类型的展览呢？在阐释上，它们优势与短板是什么？如何最大程度地激发所有类型展品组群的阐释效应？这些关于适用条件与运用策略的问题在前文阐之未尽，下文将做更详细的分析。

● 同时空同微观语境

这种语境化类型的展品组群，本质上是对展品入藏前的微观语境的感官化再现，通过恢复时空坐标与具体场景，使孤立的器物重新建立与关联物、关联人群或者环境要素之间的内在联系，帮助观众形象生动地理解事物的性质与功能。具体可再细分为四个类别，分别是：（1）将物与所处局部环境异地搬迁与重新布置的做法；（2）以立体透视技术为核心的不同尺度的场景；（3）实物展品与再现情境的微缩模型、剖面模型、雕像、创作画或视频影像的组合；（4）以实物的三维形象体系自我表达的情态化展示等。除了第一类更多见于露天博物馆之外，其余几类都是在一般博物馆中常常出现的。

一般而言，在两种情况下适合构建与运用上述展品组群。首先，当展览试图在内容上更深入具体、在形式上更具象活泼地阐释重要内容与展品的深层内涵时，可以考虑运用这些展品组群方式。不过，携带不同目标的展览，或者不同展览的不同板块下，需要深化展品内涵的具体传播目标是有区别的。有些情况下可能只需对实物展品的基本用途做一些内涵拓展；有些时候则需要具体地表现展品背后的现象，比如要呈现某一历史节点的物、人与事的具体关系，或者展现某一自然或文化现象的典型特征，甚至是表现抽象的思想与观念等。策展人可根据传播目的，以及需表现的语境关系细致程度来判断选择什么类型。一般来说，情态化展示可胜任对物的基本用途的概要表现，但是在更深入展现叙述细节、典型特征甚至抽象概念的时候，还是要依靠具有生动直观的造型形象的场景、微缩模型、雕像等情景再现的方式。

在选择的过程中也必须注意真实性的问题。这是因为，作为公共知识传播机构的博物馆,真实性是其合法性的根基。通常来说,真实性的高低,与现代性材料的运用比例是正相关的。雕像、创作画、影像等运用得越多,在提高直观性的同时,也会渗透进更多的主观想象性,真实性的争议就会越多。上述类型中,除了情态化组合之外,其他类型都会涉及现代性材料不同程度的运用,因此真实性的质疑与争议会比较大。如果不同展品组群对传播目的的实现有类似的效果,应尽量选择真实性争议小的,也就是依靠实证材料本身组合就能说明问题的情态化展示方式。

其次,当见证重要事件或现象的实证材料缺失,展览需要补充叙述内容的重要缺失,使叙述变得更完整的时候,也可以考虑运用这一类型的展品组群。由于自然与人类活动遗存物的获取本就受到偶然性的制约,特别是那些在历史早期曾经发生过的重要事件,往往很难找到直接的物质证据。如果只局限于实物展品,那么这些塑造本土人群生活风格与文化特点的重大事件就永远也无法进入展览了。由于实物展品的匮缺,最适合的展品群类型应该是场景的方式,主要任务是将那些曾经发生但无法找到直接见证物的现象在展厅空间内再现出来,以弥补实物缺失的遗憾,辅助历史叙述。

● 同时空同语境维度

这类展品组群基于某一时期的生活领域、历史主题或某个主题现象之间的相似性与相关性聚集在一起。展品进入这样的组群,便会回归到某个时空坐标下,并展现出与这一时空的某个主题或现象相关的一面。当展览的目标是表现某地域、某时段的社会现象、生活面貌或文化观念的内容时,比较适合运用这样的展品组合方式。

这类展品组群的规模多大、内涵多深,需根据所阐述历史主题或社会现象的重要性程度做出相应调整。比如,当展品组群所反映的历史主题或社会现象,具有突出性与普遍性时,就可以考虑适当增加这个小组的展品数量,并配合辅助解释,在策划文本中,也要在相应区块做标记,提示设计师预留出宽裕的展示空间。浙江省博物馆历史文化基本陈列“越地长歌”中就有一个类似案例。春秋战国时期的浙江地区生活着古越人,在严峻的地理环境中,他们形成了尚武勇蛮的行事风格,也发展出精勤耕战的文化品格和务实主义的价值取向。为更形象体现出这种抽象的社会现象与价值观念,策展人在相应空间以大批量密集陈列的方式展出古越人制作和使用的青铜农具与兵器,并配合有关古越人文化品格与价值观念的解释说明。如果这里只是展出少数几件农具或兵器,并不能说这样的方式不算这一类型的展品组群,但其展示吸引力和传播效益是有待提升的。

● 异时空同语境维度

此类展品组群的语境化阐释思路并不像前两类那样,将展品重置于某个特定的时空坐标下以表现其意义,而是因为某个相似/相关的现象或主题而将来自同一地域不同时代,或者不同地域不同时代的展品组合在一起。这样的语境化方式,不仅能揭示物在原生语境下的事实和信息,还能借由超越历史时空的并置与比较,激发人们去探索不同地域、不同时代之间社会文化现象的联系与差异。由于时间因素的淡化,以时间逻辑为组织原则的展览很少会采用这种方式,而更多在以分类为组织原则的展览中使用。

当博物馆展览以突显地域的特色资源与文化为亮点,或者试图探讨某些具有跨文化属性的社会议题或文化现象时,比较适合运用这类展品组群。这是因为这种语境化方式使展品某个语境维度在同一主题展品组群的集群效应下获得突出体现,因此更容易让观众对该阐释视角下的展品信息特征生成强烈的记忆点,从而实现上述两种展示目的。

然而,我们也必须客观看待这种语境化阐释的优势与劣势。从积极的角度看,将时空不一致的展品聚集在由语境维度转化的主题下,不仅突破了常规的展品布置方式,引导观众以更独特的视角重新审视文化传统或他者文化,也给跨文化联系与比较找到了更具创意与个性化的观察视角。但是,由于这种语境化的联系与对比是在消解历史时空整体性的基础上进行的,展品间相似主题或现象的背后,其实隐藏着非常复杂的、千差万别的地域和历史原因。这样的联系与比较虽然简单明了,但是却模糊了其他要素,因此可能会带来历史认识的曲解、内涵解读不全面的问题。另外,从传播与认知的角度看,时空不一致的展品布置方式,可能让一些习惯在历史脉络中把握展品内涵的观众很不适应。

针对这样的局限,策展团队有必要在展览的适当位置加入对策展思路的解释。荷兰海牙 Museon 科学博物馆"一个星球"(One Planet)展览中,策展人在一处关于全球移民现象的展柜中,以"异时空同语境维度"的方式,将来自不同地域、年代的展品,比如宠物狗和鸡、鸭的标本,破旧的鞋子与灰白色的砖块,甚至还有铁轨的枕木等并置在一起。展柜上的小组标题与说明,解释了将这些物件聚集在一起的原因:"在全世界,数以万计的人离开了自己的家园,寻求更好的生活。这里展出的每一件物品,都链接着一个个人的问题。答案似乎很简单,但如果情况改变,一个简单的问题可能会变成两难境地。"每一件/组展品,都对应着一块可翻阅的文字版面,里面描述了不同展品的背后故事。例如,一只宠物狗标本的文字板写道:"2011 年,叙利亚爆发内战。人们逃离了这个国家,抛下了大部分财产,包括他们的宠物。然而,来自大马士革的 17 岁的阿斯兰拒绝抛弃他的狗。他和小狗罗斯走了五百公里到土耳其海岸。当被问到为什么不带衣服而带着狗时,他回答:'我有食物、饮料和我的狗。我只需要这些。'"(见图 7-8)其他的物件也以这样的方式处理。在文字符号系统的串联下,策展人精心设置的物与物之间的语境关联才变得清晰起来。设想一下,如果撤掉小组说明,也拿掉每件物品特定语境下的故事,展品组群实际上和珍奇柜不会有多大区别。

图 7-8　"一个星球"展览

来源:作者拍摄与标注

　　表 7-6 整理了不同展品组群的适用展览目标与类型。同时空同微观语境、同时空同语境维度这两类展品组群是比较常规的语境化阐释方式。它们通过将展品置于特定的时空坐标下,在各语境要素的关联中解读展品的文化

意义,因而在以时间逻辑为组织原则的常设展览中应用比较普遍,如区域文化、人物生平、遗址历史、自然科技史、行业发展史、专题历史等等题材的展览。此外,在一些长时段内相对稳定现象的题材,如地方民俗文化、当代社会现象、当代科学文化等题材的常设展览中也能适合运用。

表 7-6　不同语境化类型的展品组群的适用展览目标与类型

展品组群类型	适合的展览目标	适合的展览类型
同时空同微观语境	需深入具象阐释内容 需补充展览叙述完整性	按照时间逻辑组织的展览 反映长时段稳定现象的展览
同时空同语境维度	表现历史主题与社会现象	
异时空同语境维度	突显资源亮点 讨论跨文化现象	按照分类逻辑组织的展览

相较之下,将时空不一致的展品聚集在同语境维度下的异时空同语境维度的展品组群,一般不会作为时间逻辑组织的展览的常规手段,而是只出现在分类逻辑组织的展览中。不过,这样的语境化阐释手段,尽管潜藏着给观众带来认知困惑的风险,但也体现着"再语境化"的建构性、当下性与创意性。博物馆如果担心在基本陈列中采用这种方式太冒险的话,或许可以在题材和表达方式具有较大自主性与灵活度,面向社会的多元人群,社会宽容度更高的临时展览或特别展览中尝试运用。本节阐述的展品组群运用方法,以及前一节论述的主题与框架搭建方式,是两种既可以独立运用,也可以结合使用的语境化阐释方法。在基于语境尺度构建展览主题与结构时,在微观语境的展览/单元下,就经常会运用同时空同微观语境的展品组群(例如:荷兰国家海事博物馆"与你在黄金时代相遇"展览),在宏观语境的展览/单元下,也会运用同时空同语境维度、异时空同语境维度的展品组群(例如:荷兰热带人类学博物馆"重要的事物"展览)。在基于语境维度构建展览主题与结构时,同时空同微观语境与同时空同语境维度的展品组群经常被一起运用,以实现在不同的视野范围中解释历史现象(例如:浙江省建德市博物馆历史厅、浙江省台州博物馆民俗厅)。

(二)展品组群的空间呼应与动态关联

不同类型的展品组群只是语境化阐释的基本单位。在阐释某些主题现象或群体记忆时,通常需要多个展品组群的共同支持。既可以是通过多个同类型展品组群反映同一主题现象,比如一系列同时空同语境维度类型或者一组异时空同语境维度类型的展品组群的并列,也可以是从不同尺度的观察视野去阐述同一个现象,表现为一系列同时空同语境维度类型与一系列同时空同微观语境类型的展品组群的配套运用。这些展品组群之间不是相互独立的,在局部展览空间中,这些展品组群之间会形成横向的关联性连接。这种语境关联承载着策展人的传播意图,能否准确地转换到展示空间,使观众很好地认识与把握它,影响着观众能否有效理解展览所阐释的现象,以及能否为观察具体的展品组群奠定良好的基础。

● 静态视觉暗示

当展品组群的内涵比较单一,以实物展品为主,数量不多,体量也不庞大时,传播者的工作,就是将这些展品组群恰当地摆放到对应的框架层级中,检查与展品组群相邻的标题文字是否准确与醒目,并对图文版面上的信息进行分层与分类的编辑设计,使版面上的信息群表达得清晰有序,帮助观众根据信息群辨识对应展品组群之间的关系。这种情况下,由于展品组群的视觉形象并不复杂,展示空间与看面也比较紧凑,观众只要通过文字信息的阅读,就能比较容易地领会展品组群之间的关联与逻辑。

然而,当需要以数量更多、体量较大且内涵更丰富的展品组群,去佐证或阐述某些复杂的自然与生活现象时,策展设计团队的工作就没那么轻松了。一方面,为容纳较多的展品数量,展示空间与看面也会扩大,标题与文字难以在整体空间的层面,发挥出整合内容的重要作用,观众也不容易在一个视域下就将相关的展品组群尽收眼底,自主寻找与组织展品组群之间的语境关联也会变得更困难;另一方面,随着动态影像、实体造型、操作装置等辅助展品的增多,展品组群呈现出来的视觉要素也更加多元甚至显得杂乱,各种视觉观感的展示材料的吸引力都比文字符号更强,观众也会不自觉地将注意力更多分配到它们身上,而不一定会认真阅读版面的文字信息。

在这种情况下,展品组群之间关联性设计的首要工作,是对它们进行视觉层次的合理安排,从而形成层次分明、重点突出的关联性空间,为观察与理解创设更好的条件。在浙江省龙游县博物馆的自然展厅中,策展团队试图将龙游地区的地质标本,置入不同地质时代与地质事件的语境下,形成连续的六个展示单元,以讲述龙游大地历史演变故事。每一个展示单元涉及的展品组群较多,既包括微观语境层面的地质标本、图文说明、标本采集位置、多媒体影片,也包括宏观语境层面的地质演变背景说明、海陆位置关系的地球模型、同时代自然环境与生物情况等地质背景知识、地质学科普知识小模型等。设计团队通过展项与展线之间的距离调整,以及不同展台的色彩及体量的变化,区分出视觉中心、次中心与边缘带。然后在视觉中心展出最能体现传播目的的展品组群与展示内容,越靠近边缘带,内容的重要性程度递减。具体而言:陈列着地质标本的独立展台,是地质事件的真实见证,因此作为视觉中心。围绕标本的斜坡图文版面等详细解释地质标本的时空背景与地质事件的关键信息。中心展台附近作为视觉次中心,布置了表现地质活动现象的多媒体影片,地质标本的采集地位置与图像,反映同时期海陆位置关系的地球模型,地质标本的互动观察装置等展项。阐释涉及的地质学概念、同时代自然环境与生物情况等地质背景知识,被安排在更远离地质标本的边缘位置(见图 7-9)。

图 7-9　浙江省龙游县博物馆自然展厅

来源:作者拍摄与标注

对多展品组群进行视觉层次的合理安排后，不同观察视野的展示内容变得更清晰有序，为更具整体感与层次感的参观创设了较好的条件。然而只强调视觉层次的区分，也有可能引导观众只看主视觉面的内容，而错过边缘地带的展品组群。传播者还需加强视觉层次之间，或者视觉层次内部的展品组群之间的联系与呼应。比如通过展品组群空间位置安排的亲疏关系来体现关联性，或者借助色彩、造型的相似性，标题系统、数字编号的联系，符号化的连线等来体现呼应关系。

● 动态同步关联

视觉元素、视觉层次的注意力引导和暗示，是比较静态与被动的方式。有些情况下，这种思路可能不一定能让自由行走的观众留意并把握。策展与设计团队还可考虑通过相对主动与动态的方式，比如借助多媒体技术与互动操作装置，使原本静态的展品组群之间形成动态的同步关联，吸引观众更多的注意力，并使其在与媒体的交互中体会到局部空间中展品组群之间的关联性。

在荷兰莱顿布尔哈夫博物馆的"伟大收藏"（Powerful Collection）展览中，设置了一个讲述 18 世纪欧洲自然科学发展历史的展区（见图 7-10）。策展人试图告诉观众，这一时期物理学、化学、天文学、数学等多个学科不约而同地开启了分科化的进程，并被启蒙思想家编入百科全书，用以推广理性知识。为传达这一信息，设计师在展区中心展柜内陈设百科全书书稿，在靠近展柜的四周展墙上陈列不同学科的实验仪器与书籍等展品。中心展柜配置了互动操作台，每个学科的展品组群也配备了小尺寸的触屏装置，操作台与屏幕之间互相联动。操作台上标刻着物理学、化学、地理学、天文学等各个学科的名称，下有可移动的指针。当观众移动指针到不同的学科时，四周所有屏幕内的图像也会发生同步运动，切换到该学科的图像与内容。这种方式让抽象的学科之间、学科与启蒙运动之间的语境关联性，以直观明了的视觉与体验的形式被转化出来。静态环境下的动态目标能迅速俘获观众的注意力，让人们意识到百科全书与这些展品组群之间存在着密不可分的联系。

图 7-10 荷兰莱顿布尔哈夫博物馆"伟大收藏"展览

来源:赫尔曼·科斯曼(Herman Kossmann)提供,作者标注

　　无论是被动还是主动的设计思路,都有助于展品组群之间关联性的转换与体现,但两者都各有优劣势。前者虽不涉及太多的多媒体装置,设计与制作成本不高,对于展示内容本身也没有很高的要求,具有更普遍的适用性。但有些情况下,未必能很好传达深刻的内涵,也不一定能给观众留下深刻印象。后者运用的限制条件会更多一些,比如要考虑制作与维护成本,也要有适合发挥同步关联的内容,还需考虑对其他展品组群信息的感官干扰等。但是其优势是通过主动操作,与观众的直接经验发生了联系,不仅能提升认知自主性,获得成就感,对关联性内涵也会留下更深的印象。如果在经费与内容等条件都具备的情况下,可作为前一种的重要补充。

(三)展品语境的可视化与有机组团

　　观众穿过层级有序的单元与小节,在明确提示语境的局部空间中,体会到多个展品组群的关联后,便开始驻足于特定的展品组群前进行观察、听读或互动操作。比较理想的认知过程是,在展品组群内部各种解释性材料的引导下,观众将对展品的理解与广阔社会的某些语境维度联系起来,或者将其放在某个具体自然与文化现象下考察,最终以关联化的方式解读出隐蔽的信息。若想顺利实现这个目标,至少有两点是需要策展与设计团队为之努力的。一方面,增强展品语境的可视性,使其迅速俘获观众注意力;另一方面,提高语境的传达力,在观众留意到展品的语境后,进一步引导他们去探索展品与宏观背景或具体现象之间的联系,认识展品背后的文化意义。

由于同时空同语境维度与异时空同语境维度两类展品组群基于逻辑与抽象的语境关系而搭建,并不指涉某个具体的情境形象,因此相较于同时空同微观语境,在语境的可视性与传达力方面比较欠缺。策展与设计团队可充分借助博物馆中常见的媒介形式,如符号性的文字与声讯、二维绘画与图表、三维造型物、视频影像、游戏装置、多媒体装置、体验与互动操作等等,通过抽象概念具像化、宏观概念个体化、语境要素集成组团等方式,提高展品语境的吸引力与传达力。

● 抽象概念具像化

宏观的语境维度一般都比较抽象,只是依靠展品组群本身的组合关系与文字说明很难给观众留下深刻的印象。这就需要通过抽象概念具像化的思路,从宏观语境维度中提炼出典型的视觉符号与元素,借助二维图像、影像、声音等媒介使展品语境变得更具体可感。策展与设计团队可将反映特定时代与事件背景的照片、书影、线描画、招贴画等二维材料转化为视觉符号,作为图文版面或者背景看面设计的重要修饰元素。如果背景面的信息量不大,在不与展示材料冲突的情况下,还可考虑做间歇性的动态投影,并结合氛围性的音效,提示展品所处的社会生活主题。比如在永康五金博物馆表现五金材料与中国古代生活的内容的展区中,在"五金与军旅生活"等展项中,设置了短兵相接的动态投影,杀声震天的战斗音效等,使静默的剑、戈、弩机等兵器仿佛又回到了战场环境中。

● 宏观概念个体化

人们通常更容易对个人叙事产生兴趣与共鸣。因此,除了将抽象概念具像化之外,在可视化宏观语境的过程中,也可尝试将宏观概念"降级"为微观概念与个体概念,通过个体发声与对话的方式,让宏观语境变得更生动、亲和并易于理解。

阿姆斯特丹运河之家博物馆(Canal House Museum)收藏了大量有关17世纪阿姆斯特丹运河建设的绘画作品,可归入"工程技术"的语境维度。为让工程技术史更吸引观众,馆方通过桌面投影系统展示了一段影片,将参与运

河建设的五个象征性角色——市长、银行家、城市规划师、水道工程师与建筑
工人,置于同一时空下展开对话。影片伊始,市长焦虑地指出,随着人口的膨
胀,运河交通越来越拥堵,需要拓展新的水道和城市空间。城市规划师随即
提出一些运河修建和城市用地的规划方案草图,这些资料正是来自附近的展
品。金融家则估算出建设这些工程的成本。工程推进中,工程师和建筑工人
不断反馈着工程难题,市长和规划师只好做出调整,甚至重新设置方案。在相
互讨论甚至争吵的过程中,运河慢慢形成了今天大家熟悉的样子(见图7-11)。

图 7-11　阿姆斯特丹运河之家博物馆投影装置
来源:赫尔曼·科斯曼(Herman Kossmann)提供

在这个案例中,展览以若干具体的职业身份代表了多方的社会力量,并
将现实中不在同一对话层面的社会人群,放到同一时空下进行面对面的激烈
讨论。通过个体之间的对话来隐喻工程技术维度下人群的协作,将相对隐性
的社会力量之间的纠葛关系,以更显性与更富戏剧性的方式呈现出来。这种
设计方式,让宏观历史变得更富有代入感,使展品的语境关系得到了清晰有
趣的揭示。

● 语境信息集成化
在展品组群内部,无论语境信息以什么媒介形式,以显性还是隐性的方

式呈现,它们都是策展设计团队为实物展品设置的关联性意义网络的组成部分,提示着展品可被理解的一个或多个方面的语境维度或语境层域。若想让观众更迅速地把握这些语境信息,还需将体现语境关联的各种辅助展品(三维造型、二维绘画、文字与声讯、图文系统、视频系统、多媒体信息)与实物展品一目了然地对应与整合起来,完整清晰地呈现在观众肉眼可及的视域范围内,以帮助观众高效准确地自行组织出语境框架。

荷兰微生物博物馆(Micropia)有一片科普不同种类微生物知识的展区,陈列着几个展台集成式地陈列着玻璃培养皿、实验环境箱、显微镜观察装置以及多媒体装置(见图 7-12)。它们是相互关联的整体——观众可在真实的光学显微镜下,以 50 倍数观察培养皿内的微生物,在多媒体屏幕中,则有微生物的"实时视角"(live view),呈现着 200 倍放大后的微生物。在多媒体装置内,还有其他可探索的选项,如说明微生物与人类社会关系的动画短片,体现微生物解剖学构造的图文说明,比较不同类型微生物之间尺度大小、生态功能的互动游戏。通过将培养皿、实验箱内的微生物与辅助解释的显微镜、多媒体有机地集成在一起,展示对象被置入到宏观与微观的语境尺度,以及生物属性、社会属性与文化属性等多个语境维度下,并以影视片、互动游戏等多

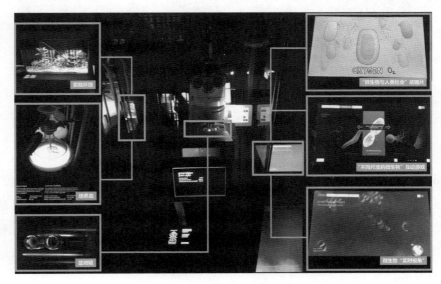

图 7-12   荷兰微生物博物馆

来源:作者拍摄与标注

个媒介形式表达出来。在这种集成组团装置中，观众得以在较短的参观时间内，就能比较全面地建立起该微生物的语境框架，收获更丰富的科学知识及更多样的参观体验。

（四）情景再现的制作原则

涉及情景再现的同时空同微观语境的展品组群，是语境化阐释的难点与重点。一方面，场景、雕像、模型等大量辅助展品的设定与制作，既要服务于特定传播目的的实现，也要尽可能符合真实性，是一个涉及科学实证、传播效应、审美效果以及技术实施的高度综合性的过程；另一方面，情景再现的造型物通常体量较大，工艺复杂，而且由于涉及许多视觉细节，需要持续不断地研究、论证与调整，制作工期也更久一些，是工程推进中的重点。另外，情景再现制作质量的好坏，一定程度影响着整个展览的品质基准，较大程度左右着语境化阐释的传播效应。无论从哪方面看，我们很有必要专门探讨这一类型展品组群深化制作的原则与方法。

● 科学实证性

作为公共文化服务与知识传播机构，博物馆所阐述的内容必须受到真实性的制约。这就决定了，情景再现必须是对真实现象的还原。情景再现的制作，始终都要在科学实证的原则下进行，通过严谨与系统的研究论证，弄清楚需要重点表现的每一个现象细节。

情景再现的制作基于真实可靠的信息与材料。根据资料来源的不同，可分为第一手材料和研究文献资料两类[①]。前者是反映情景再现所要表达现象的直接证据，可能是现象发生时的见证者口述资料、实物、影像与图片资料，或者是现象发生后当地留下的遗迹、实物、口头传说等材料。后者是在已有第一手资料与知识的基础上，针对现象分析与论证后的结论，包括与现象有关的研究成果、历史文献记载等。科学实证性原则的贯彻，主要体现在对于这两类材料的获取、解读、考证与转化上。

如果情景再现的对象，是现生自然环境与人类生活的现象与记忆，比如某地域的湿地生态环境，某群体的传统民俗等，由于这些现象所在的语境，往

---

① 俞繁莉.场景式展示手法研究[D].上海：复旦大学,2013：32.

往和制作者相隔不远，在这种情况下，第一手材料非常接近现象本身，可靠性较高，可作为现象还原的主要依据。制作者也应该更侧重搜集这类材料。当然，现有的实证研究成果也不可或缺，可作为辅助材料，确保现象还原的科学与规范。

倘若情景再现的对象是过往的自然历史与人类历史的现象与记忆，比如某地质时代的栖息环境、某地域的重要历史事件等，由于这些现象及语境已然消逝，制作者所能获取的第一手材料，很难为现象还原提供直接参考。这种情况下，情景再现的制作需要兼顾两类材料，并进行交叉对比与细致考证，尽可能得出最优化的再现方案。

在后一种情景再现中，由于制作者无法亲身感受现象发生时的形象与细节，因而不得不进行较多的主观想象，这就容易产生真实性的争议。主观性是不可避免的，科学实证性的原则并不排斥主观想象，但这种想象必须建立在事实与逻辑的基础上，而不是草率的臆测。为减少真实性争议，制作者可遵循"最大可能性与最小矛盾化"的思路。具体来说，如果对同一个现象细节的表现，有多个材料可供选择，或者对同一份材料有不同的想象或演绎方式，那么制作者应该选择那些与目前的学术共识及历史逻辑契合度最高，或者冲突度最低的材料或方式。

浙江省宁波教育博物馆在制作反映宁波书院教育历史的关键节点——"王阳明中天阁讲会"的等比场景时，就遇到了史料支撑不足的难题。最终，策展设计团队以明代末年刘宗周的《证人社约言》中有关书院讲学的记载为依据，完成了该场景。这本书略晚于中天阁讲会的年代，是对当时兴盛的书院讲会仪式的总结，详细描述了主讲人、讲友、学生与听众等不同身份者的位置、姿态与对话内容等细节。虽然这本书不是中天阁讲会的直接史料，但却是目前能找到的最接近这一事件的文献记录，也是今天许多学者研究明代书院讲会的重点文献。参考这种材料还原出的历史现象，无论是与历史事实本身，还是与当下的学术共识，冲突性都相对较小，真实性的争议也更小。

如果制作者对某些环节或细节还做不到精确考证，就应巧妙地回避相关细节的表现。比如在表现史前文明人类生活情景时，假如还不确定当时人类面貌的体质人类学特征，那么可以采取让场景中的人物以背面示人，或者将正对观众的人物脸部特征模糊处理的方式。此外,也可考虑采用单色人物雕像,从而不仅可以屏蔽掉不确定的肤色与毛发特征,还可以避开服饰的材质与色彩等暂时无法考究的细节。

● 典型性

情景再现往往占据较大的空间,也具有较好的视觉吸引力,观众常常默认它们是展览的重点内容,并投入较多的关注。这样的特点要求情景再现还原的现象,需要尽量揭示出内容的典型特征与本质。不然观众就很可能误判展示内容的重要性,也难以准确把握传播目的。此外,情景再现的成本较高,如果花很大的代价制作出典型性不突显的项目,导致传播效益不尽如人意,将造成资源的极大浪费。

情景再现本质上表现的是物的原生语境中某一段微观语境下的现象,既包括时间与空间的因素,也包含不同关联人群以及关联物的要素,以及语境要素之间的相互关系等。这些因素内涵的不断变化,比如时间和空间的变换,语境要素表现复杂程度的不同,语境要素之间相互关系的区别等等,就会形成不同传播重点的情景现象。制作者的工作,是在不同的变化可能性中,确定最能直观明确地传达核心传播目的的因素,然后将它们集合起来构成场景。在这个过程中,不必追求对现象原原本本的物理性还原。这不仅因为这是不可能做到的事,更重要的是,对于现象细节事无巨细地复原,有时也会掩盖现象的典型特征,甚至会将观众的注意力引向与主题关联不大的细节。

鉴于此,在典型性原则下制作的情景再现,是将具有典型性的语境要素及要素间相互关系,以符合事实与逻辑以及促进观众理解的方式,重组而成的理想化类型。

在现生自然环境与人类生活现象的情景再现中,典型性原则主要体现在对于模特地的选择与复原上。所谓模特地,是指能够充分体现自然环境或人文风貌典型特点的地理景观单元。模特地的时空关系确定得越精准,具体现象中语境要素的内涵以及要素之间的关系也会体现得越精确,现象还原的典型性与准确性也会越高。在台州博物馆民俗厅三个不同的生态环境区的情景再现制作时,制作团队在充分认识物候学与生态学规律的基础上选择模特地。例如,山谷的场景选取了天台山作为模特地,时间定在五月份天台山云锦杜鹃花开的时节。根据模特地资料采集,梳理出符合物候学的黄山松、柳杉、紫珠等植物,以及林间觅食的毛冠鹿、苏门羚、雉鸡等各种日行性动物。制作团队按照生态位关系,将这些动物标本与植物造景有机地配置在一起,建构出符合科学性的生态现象的理想类型。

　　对于过往历史现象的情景再现并没有现成的模特地可以参考。当实证材料有限,如何准确而传神地表现历史现象呢? 美国国家历史博物馆"车轮上的美国"(Americans on the move)展览中,有一个候车室场景,一位神采奕奕的白人男子和一位面色凝重的黑人女子都在等候发车,但他们之间隔着遥远的距离,暗喻 20 世纪 20 年代美国社会种族隔阂的现象(见图 7-13)。这个场景可以带给我们如何践行典型性原则的启示。

图 7-13　"车轮上的美国"展览"候车室的白人与黑人"场景
来源:严建强先生提供

　　首先,传播者要明确情景再现的语境要素是什么,要素之间关系的本质,并选择最具代表性与表现力的具体要素作为表现主体。在此案例中,微观语境最关键的要素就是黑人群体与白人群体,传播目的是体现两类群体的对立关系。在语境要素的具体呈现上,传播者选择了最强势的白人男性与最弱势的黑人女性作为场景的主体,直观地传达出种族间的强弱对比和紧张关系。

试想一下，如果换成其他的性别设定，比如白人女子与黑人男子，或者白人女子与黑人女子，虽然也能体现出种族隔阂的问题，但冲突性就不一定那么强烈了。

其次，利用位置、方向、对比、组合等空间经营方式，通过展示语言的暗示，直观形象地表达语境要素间的关系与含义。在该场景中，设计师刻意夸大了候车室座椅之间的距离，当观众进入这个场景空间后，便能强烈感受到种族之间物理空间的距离感，进而转化为心理层面的隔阂感，这对于场景表现主题的理解很有帮助。

最后，典型性的选择与表现，需要严格遵循现象的真实性。尽管场景中对座椅距离进行了夸张表现，场景主体的性别也是有意选择的，但是这样的理想化设定并没有脱离历史现象的真实性范畴，因为无论何种性别的白人与黑人在生活中刻意保持距离，在火车交通中黑人被要求乘坐黑人专用车厢，这样的社会现象都曾经真实地存在于那个时代的美国，也完全可能发生在某位白人男性与黑人女性的候车时的现实情境中。由于建立在理性分析的基础上，因此不违背历史的内在逻辑，反而很好地突显出历史现象的典型特征，有效地传达出展览内容的重点。

在确定典型性的过程中，不可避免地伴随着大量的主观判断，这也是语境化阐释很难规避的局限性之一。笔者认为，制作者应坦诚接受主观性不可避免的客观事实，在此基础上应充分尊重语境化过程中的事实和逻辑，并尽可能加强阐释的动态性。多纳·哈拉威（Donna Haraway）指出当代博物馆情景再现时容易塑造出"刻板的自然与历史视觉景观"[①]的现象，而这种刻板印象的产生，与情景再现的表现媒介通常是静态的造型物，呈现的只是故事中的静态片段，同时忽视呈现场景制作的动态过程等是很有关系的。为此，制作者可以通过增添影像片段、多媒体装置，播放与现象相关的动态内容，拓展关于现象和表现主体的详细信息。比如，如果场景表现一群健康的草食动物，那么影片中可表现动物们面对天敌时的逃跑、被追捕、被猎杀等更全面真实的生存状态，从而告诉观众自然界不是完美的伊甸园，也充满了残酷与凶

---

① Haraway D. Primate Visions：Gender，Race，and Nature in the World of Modern Science[M]. London：Routledge，2013：419.

险。此外,还可将情景再现的制作思路与过程,如原本有哪些方案,为什么选择这个方案,具体如何实现等幕后信息也置入多媒体装置,并邀请观众参与互动,对不同的备选方案提出意见和建议。这不仅能突破典型性的固态视角,也能拉近场景与观众之间的距离,更体现出情景再现制作的科学、严谨与专业态度。

● 配合性

情景再现的使命是服务于实物展品的内涵揭示,或者服务于展览内容叙述的补充和深化。因此,在展览中情景再现扮演着配角的角色,需要遵循配合性的原则,应突出实物展品的地位,不能淡化或者淹没实物。情景再现应烘托展览主线的内容,不能过于抢眼,使观众注意力游离于主题内容之外。

配合性的原则体现在宏观比例安排与微观展品布置两个方面。对于前者,设计师在总平面布局的设计时,最好能熟悉实物展品的分布位置,并突出它们在总平图中的空间比例关系。对于后者,如果是实物展品结合小体量的情景再现,如微缩模型、小雕像等辅助展品,那么在展示要素紧密抱团的同时,可以通过追加光照、放大说明标签等方式,凸显实物展品在展品组群中的视觉中心地位。如果是辅助展品为主的等比场景的情景再现,那么可以通过标题与文字系统的等级关系设计,提醒观众场景与所补充或拓展的展示内容之间的呼应关系。

三、整合观众参与:促进物与人的情境交融

观众对展览的接触感知与意义建构,发生在"个体情境"的框架中,涉及"个人情境"(动机与期望、先前知识、兴趣与信念)、"社会文化情境"(教育文化背景、现场社交互动)与"环境情境"(博物馆建筑、展陈环境、组织导向、展示装置等)的共同作用①。前文在主题与框架、展品与展项的内容设计与形式设计环节,通过文字符号与空间视觉等多种途径,已一定程度提高了物的语境与观众的"物质情境"方面的相关性,在此基础上,还应在展览线索和交互

---

① Falk J H. Free-choice Environmental Learning: Framing the Discussion[J]. Environmental Education Research, 2005, 11(3): 265-280.

体验两个方面提升故事性、交互性和具身性，从而形成贴近观众感官认知和情感记忆的沉浸场域，推动物与人在"个人情境""社会文化情境"等层面实现更大程度整合。

（一）强化展览脉络的故事性

博物馆的组织导向是"环境情境"的重要构成，它既包括博物馆公共空间和展陈空间的导视系统与方向指引，也包括展览内容组织与呈现的脉络或线索。对于展览传播而言，后者非常关键。哈克勒（Beat Hächler）指出，展览脉络的完整性与叙事性很大程度影响着观众的代入感和认同感，以及观众的体验效果和意义构建。如果博物馆展览脉络的逻辑越顺畅，观众在参观中越清晰感受到"谁在说故事""说给谁听"与"矛盾的铺垫与解决过程"，就越容易对展示内容留下深刻记忆，越容易认同博物馆传达的信息和观念[①]。

物的展览语境嵌在整个展览脉络中。如果要使展览语境和观众情境充分整合，就需要整体谋划展览脉络和观众参观的关系，促使观众身心能够尽量浸入展览脉络的起承转合之中。展览脉络可以有不同的组织逻辑，既可以按照时间逻辑，比如地质年代、历史年代的先后顺序、历史王朝的更替顺序、事件发生的时间顺序等；也可以按照分类逻辑，比如不同区域的地理分布关系、事物的结构要素与组织关系等。然而，由于一般的展览脉络都是直接基于学术研究成果和藏品资源特点而转化的，天然具有学术意味和专业意识，因此无论按照怎样的逻辑去组织展览脉络，对于大多数非专业的观众，尤其是广大青少年而言都比较抽象，并且常常存在较强的距离感，不太容易使观众自然而然地融入展览叙事。事实上，有很多博物馆人热衷于讲"故事线索"或者"叙事线索"，但只是构建出了一套符合专业逻辑的认知框架，并没有结合普通大众的认知水平和规律去进一步创造出契合故事的氛围、参与叙事的途径，博物馆物在展览脉络中依然是缺乏表达能力和对话空间的。

电影和小说之所以吸引人，是因为观众/读者能够清晰地感受到"主人

---

① Museums as Spaces of the Present: The Case for Social Scenography[M]//Macdonald S, Leahy H R (eds.), The International Handbooks of Museum Studies. New York: John Wiley & Sons, Ltd, 2013. 349-369.

公"的存在，"主人公"遭遇的一系列颇有画面感和情景感的事件，以及由事件引发的情绪、情感和想象。具象的人物和活态的情景，能够让电影和小说与观众/读者的生活经验建立紧密的联系，进而激发观众身心投入与情感共鸣。虽然绝大多数博物馆展览不能像电影和小说那样自由地构建一个个聚焦个体、有血有肉的虚拟时空，但是在有条件的情况下，还是可以采取适当策略加强展览脉络的故事性，让策展人头脑中学术化和抽象化的"逻辑线索"真正转变为普通观众容易留意、感知、关注、跟踪与理解的大众化和通俗化的"叙事线索"。

这些策略包括"身份代入"与"情景参与"。身份代入是指在观众参观展览前，给观众赋予与展览主题相关的一种身份或设定，使观众携带着新身份的想象参观整个展览。情景参与是指在观众参观展览过程中，给观众提供某些能深度融入展览呈现的历史事件的机会，使观众成为展览叙事的一部分。这两种策略都有助于建立展览与观众熟悉的日常生活经验的联系，前者有利于使观众在整个参观周期内保持高昂的参观情绪和持续的期待感，构建出参观体验的"起始"与"闭环"，促使观众"入戏"与"共情"；后者有可能激发观众与观众之间、观众与导览员之间的社交互动。这两种策略都能促使观众从旁观的局外人，转变为主动的参与者，切身体会历史语境下的人与事的细节、情感，激发观众个人情境、社会文化情境与博物馆的环境情境之间的联系与整合。它们并不是独立于展览脉络而存在的，相反，要想达到较好的叙事性提升效果，需要统筹考虑这两种策略和展览组织逻辑的关系，应针对不同的展览题材和资源特点，设置不同的展览脉络逻辑，以及采用相适应的身份代入和情景参与的途径和方式。

荷兰抵抗博物馆（Resistance Museum）"爆炸的冒险"展览讲述了第二次世界大战期间几位荷兰人试图袭击纳粹办公大楼的真实历史事件。展览由若干独立的小展室组成，分别讲述纳粹政权的建立、策划袭击、具体袭击、多人被捕、抗争者后况等小故事。在该展览入口处为观众提供了穿戴式的电子导览设备。导览设备的耳机中会告诉观众，他们将以袭击团"第七人"的虚拟角色身份进入展览。在参观过程中，观众以"在场"的方式，通过导览设备与现场感应点的交互，聆听六位主人公之间的讨论与交流，观看他们的档案、证件、信件与生前用品，与他们共赴险境，最后目睹抗争的壮烈失败与沉痛代价。展览中还设置了一处有关袭击方案的选项,有两人认为要铤而走险,做好最惨烈的牺牲准备,而另外两人却不这么认为,袭击完全可以全身而退,不用付出如此大的代价,还有两人持中立态度。这里就出现了一个投票装置,对应着三种不同的观点(见图 7-14)。在投票现场,观众不仅设身处地沉浸到历史事件中,切身体会历史人物的艰难处境,同时也激发了观众与同伴、博物馆引导员之间的互动、交流与对话,对历史语境下的人、事、情等留下了持久深刻的记忆。

图 7-14　"爆炸的冒险"展览的投票装置

来源:作者拍摄

　　这是一个按照时间先后顺序的逻辑组织的展览。观众的身份代入借助辅助导览设备的操作和交互而完成。历史细节的深入挖掘、历史语境的复原再现、历史情境的模拟参与,是这个案例情景参与得以实现的关键。

　　杭州西湖博物馆"他是谁? 探秘兰若寺大墓"展也采用了上述身份代入

和情景参与的策略。该展览以兰若寺大墓考古发现为主，同时展出宋六陵、风车口南宋墓地、南宋郑刚中墓等墓葬的考古发现作对比。展览分为缘起、初识、现场、遗物、推理、猜想六个单元。

"缘起"单元介绍了兰若寺大墓在 2017 年引发的轰动性效应，这一消息引起了具有博物馆学背景、对南宋历史有兴趣的宋小南的关注。宋小南好奇"墓葬主人是谁"，所以想去考古现场了解更多信息。结合入场时分发到的展览说明手册，观众较快地进入"宋小南"的视角，并迅速建立起和物的连接，仿佛自己就是那个想要了解兰若寺真相的宋小南。在"初识"单元，宋小南来到考古工作站和罗博士初相见，罗博士向宋小南详细介绍了兰若寺的地理位置、发现过程和发掘方式。但是，仅从罗博士的叙述中并不能探知事情的全部真相，罗博士提议带宋小南到考古现场还原真相，让实物诉说千年前发生的故事。于是接下来观众就进入了"现场"单元，经过对考古现场的墓园门道及现存礓墩（石头、瓦、图层垒起来的地基）的解剖与分析，考古学家得出"兰若寺大墓的墓园大殿为面阔七间，进深三间"的结论。同时，展览以古籍《思陵录》里记载作对比，以说明兰若寺等级之高与规模之宏大。进入到"遗物"单元，展览叙事的视角从宏观转向微观，向观众介绍了兰若寺大墓归属砖（石）椁石板顶墓，以及其主要建筑构件的用途和象征意义，为宋小南揭开墓葬性质和推测墓主人身份提供了重要的实物证据。展览在"推理"单元进入高潮。宋小南根据墓中发现的瓷器推定了墓葬年代应为南宋晚期，并由建筑构件、阙楼和须弥座推测其级别比肩皇室。在尾声的"猜想"单元，考古学家推测兰若寺大墓的主人是宋理宗的生父，这种猜想呼应了展览前几单元的铺垫。

在这个案例中，展览并没有按照历史遗址变迁的自然时间逻辑来组织展览，而是将其"逆转"，从"发现时原真性"倒推至"使用时原真性"，以一种"解密"的视角呈现展览逻辑，营造出颇有悬念感和好奇味的故事脉络。观众通过将自己代入考古研究者的视角，依托展品显现的蛛丝马迹，逐步揭开遗迹和遗物背后的真相。该案例中，身份代入和情景参与都是通过展览的提示性语言实现的。

(二)提升展览体验的具身性

具身认知理论指出,人类的认知是包括大脑在内的身体的认知。身体的解剖学结构、活动方式、感觉和运动体验,决定了我们怎样认识和看待世界,也就是说,认知是被身体及其活动方式塑造出来的。"去语境化"带来的不仅是物与环境的剥离,也伴随着人与物的多感官感知的分离。如果在展览中为观众重新提供具身体验的机会,比如对某个时空下的生活现象进行重构与再现,当观众多感官接触展览语境呈现的现象时,也就得以触发生活的本能,紧密联系个人的日常生活与先前经验,并产生"沉浸体验"。沉浸体验(flow experience)又称为"心流体验",这是一种将个人精力完全投注在某种活动上的心理状态,具有极高参与感和愉悦感的体验。在这种体验中,观众能暂时淡忘现实世界中的顾虑和责任,取而代之的是即时性的重要感,能更全神贯注于展览当中,并对展览内容留下更深的印象[①]。博物馆的空间属性使其得以装载各式各样的传播媒介,每一种媒介都有独特的传播能力,也会作用于特定的人类感官,因此博物馆传播天然具有多感官认知与具身体验的优势[②]。把握好这一优势,运用于展览的语境化阐释实践中,是促进物的语境与观众情境进一步整合的重要路径。

还原自然与历史现象的情景再现,是多感官认知和沉浸体验营造的理想试验田。通常情况下,观众与情景再现的接触更多依赖于视觉观察,当触觉、听觉,甚至味觉与嗅觉也一起加入后,情景再现的沉浸效果就会获得显著提升,可为观众提供仿佛穿梭时空的、逼真的临场体验。在台州博物馆民俗厅一处反映渔家生活的场景中,就尝试了五种感官共同作用的方式。观众可以看着浩茫的大海、渔船与村庄,耳边听着海浪涛声与海鸟鸣叫声,伴随着徐徐拂面的海风,夹杂着渔村特有的鱼腥味。在一个装置内,观众还可品尝渔村自产的海鲜食品。在视觉、听觉、风感、嗅觉、味觉等多重感官的作用下,最大限度还原了渔家生活的真实感受。如果再借助虚拟现实、触控、传感、识别、显示等一系列综合性数字技术,可以进一步打造出沉浸体验更强的展示空间。

---

① 吴素梅,卢宁.沉浸体验的研究综述与展望[J].心理学进展,2018,8(10):10.
② 严建强.在博物馆里学习:博物馆观众认知特征及传播策略初探[J].东南文化,2017(4):93-101.

　　需要说明的是,不是所有的展览项目都适合做上述展览语境与观众情境相关性的提升。身份代入与情景参与等方式,比较适合展示主题为相对单一的事件。多感官认知在具体现象的还原上会更容易发挥,对于宏观语境的表现就不一定适合了。具有丰富饱满的细节的展览语境,往往能带来更强烈的相关性,但也对前期的研究基础有着较高要求。也不是所有的展览项目都有必要做这种提升。一个展览的人力、物力与经费是有限的,而类似多感官认知、情境式体验等都可能耗费较大的代价,那些承载着重要传播目的,或者对于理解展览的主旨有着关键作用的展项,才有必要做这方面的思考。

余 论

行文至此,本书即将迎来尾声。在告别之前,请允许我回顾总结一下本书的核心内容。

这趟旅程是从"去语境化"和"再语境化"这对博物馆工作的基本程序与内在逻辑的反思开始的。对于大多数博物馆而言,只有通过将物从其现实时空中抽离出来的"博物馆化"行为,才能实现对物的收藏和利用。这个过程必然伴随着"去语境化"与"再语境化",以及物的意义的变形、转换、重构和新生。"去语境化"很容易产生信息流失、意义消解等问题,"再语境化"虽蕴含着无限的解释可能,但若其理论不清、方法不明则容易导致藏品研究视角单一、展示体验不佳、传播效果薄弱。伴随着国际与国内博物馆的形势变化,尤其是在中国博物馆事业高质量发展的新要求下,必然要求更多元的研究视角、更丰富的展示体验与更优化的传播效能,这势必需要对"去/再语境化"的经典问题做出契合时代发展要求的新探索。

为此,本书从博物馆物的语境的本体论、方法学与实践建议三个角度切入,尝试构建系统开展博物馆物"再语境化"的理论与实践体系。

在本体论层面,博物馆物的语境呈现出宏微尺度、多元维度的结构。博物馆物是语境结构的逻辑原点,在与生产者、交易者、使用或消费者、支配或拥有者等关联人群的要素,以及配合使用的其他制品、共同栖息的其他物种及共存关系中的其他物质等关联物的要素的互动中,微观语境得以建构。在微观语境边界之外是宏观的自然、社会与文化语境,由自然地理、社会结构、经济贸易、文化传统、生活方式、技术范式、观念与信仰等宏观语境维度组成。宏观语境渗透在微观语境中,影响着人与人、人与物的互动方式,使博物馆物生成特定的意义。

在方法学层面,博物馆物的语境化阐释是一种以物的原生语境为基础资源,以物的关联性意义网络为展品解读与展览传播的根本立场与实践视野,以全面、系统、动态揭示展品的多维度内涵，促进观众与展品深层沟通为核心使命的展示传播方法。由于同时空同微观情境、同时空同语境维度、异时空同语境维度三种展品组群对观众来说理解难度较低，因此是语境化阐释的建构目标。

在实践层面，博物馆在收藏、研究与展示利用的环节中，分别保存、探索、编织物的语境关系。收藏工作应不仅关注收藏对象本体，也应重视关联物与关联人群。藏品研究中，博物馆可通过拓展研究主体，参考统一研究流程与构建藏品意义关联等策略揭示语境网络中藏品的多方位、多层次内涵。展览建设时，可以通过参考物的语境尺度和语境维度设置主题与展览框架，以及基于语境关系规划和组织展品组群两种策略实现语境化阐释。最后，通过塑造具有故事性的参观线索与具身性的交互体验，可以让物的语境化阐释充分吸引观众参与其中，实现人与物的深层次沟通。

回顾本书的论点与案例，不难发现语境化阐释方法论对博物馆理论与实践的积极作用。

通过整体性、多元化、立体化的研究梳理，博物馆能显著加强藏品价值研究与解读的系统性与人文性。在语境之网下开展跨学科、跨机构、跨主体的合作研究，客观上将促进博物馆进一步开放共享，增强藏品价值认知的包容性。对于历史对象的语境限定性的重视，能一定程度避免在当代的、片面的视角下去解读过去意义，进而达成更接近历史事实的合理解释，提升对藏品内涵解读的科学性与合理性。

基于语境之网剖析的多元意义内涵，将增强展览选题和展品阐释的原创性与独特性，促进藏品更多、更广地活化利用，避免博物馆"千馆一面"。语境化阐释探索出同一件/组藏品更多角度的信息特征，在这个基础上，物与物之间在内涵上的亲疏、交集关系变得更加明显，物与物之间、物与不同主题之间也因此具备了更多联系的可能性。同一件/组藏品因为展示视角和展品组群的多种可能性，而有机会进入更多主题的展览中。在此过程中，失语、静态的展品不仅能通过具有阐释功能的"再语境化"操作而获得重新"开口说话"的机会，还能在不同构思的主题框架与展品组合下，通过多种途径的"再语境化"阐释，去讲述更多别具个性的新颖故事。

通过物的语境之网的可视化编织，以及链接观众情感的情境化体验，文化遗产将变得更具阐释性、可读性、可及性与交互性,使得博物馆空间更具"可参观性",成为记忆建构与情感共鸣的重要场所,进而深度参与人们的地方认同、文化认同乃至国家认同的建构。在这种情况下,博物馆的历史记忆和文化价值就更容易突破馆舍,走向大千世界,满足更多人群的精神文化需求,更广泛地融入人民的美好生活,促进博物馆释放出更多的文化力量。

只有当"语境"理念整体贯彻于博物馆业务工作的主要环节——收藏、管理、研究、展示等模块,与博物馆研究的主要视野——考古学、历史学研究、博物馆策展研究与观众研究等领域之中,在不同环节的联动协同与不同方法的互补互促下,才能最大限度激发这一方法的积极效应。鉴于此,如果说本书重点探讨的"语境化阐释"进入了"方法论"层面,那么,展望未来,我们还必须树立起更具内在性和深刻性的"语境化思维",将其更全面、深入地融入博物馆的各项工作中,并持续探讨和深化有机整合原生语境、藏品语境、展览语境与观众情境四位一体的统一理论框架和方法体系。

使一个组织机构的成员形成统一的共识并不是简单的事情,需要价值维度和工作维度两个方面的深刻变革与重塑。

对于前者,在藏品价值观和认识论层面,应该树立以"网络""流动"与"温度"等视角去看待藏品的新思维。所谓"网络"视角,是指将藏品与围绕藏品的一切业务活动都置于特定关联网络下考察,培养从人与物、物与物、人与人、群体与群体、群体与个体等多种层次的交织网络体系中观察、研究与提炼关键信息的意识和能力。"流动"视角指的是要深刻认识到藏品是具有某种"生命"的,处于动态变化的状态,其意义不是一成不变的,而是在流动的过程中不断建构的。物的生命史的不同阶段沉淀着不同的价值内涵,是博物馆讲故事的核心资源和素材。"温度"视角强调的是要意识到藏品是有"情感"的,要努力在宏大框架下挖掘藏品关联的微妙细节,注重体现物与个体的情感联系,重视构建物与观众的情感共鸣。

对于后者,在博物馆工作机制层面,应该在"内部业务机制"与"外部协同机制"两方面推进深层次、系统性的制度重塑,探索构建更加适应语境化思维和语境化阐释方法的管理体制、组织架构、流程方式与人才队伍。在内部业务机制方面,由于语境化阐释的潜力只有在藏品收藏保护利用的全链条各环节得以贯通的情况下才能发挥出来,因此,建立一套有利于促进藏品保护、管理、研究、展示、教育等不同人员之间顺畅沟通对话的组织结构与管理体制非常关键。这个工作或可结合"独立策展人"制度的探索共同进行。比如,可遴选一些学术功底深、组织能力强、沟通耐心好的业务骨干作为"策展人",由他们负责制定藏品征集、管理、研究与展示的相关方案,在此过程中结合具体项目开展语境化阐释。经过若干次试验后,将优秀经验提炼为稳定持续的管理机制。在外部协同机制方面,应充分依托博物馆所在地的有利政策环境,比如借助"博物馆之城"建设的契机,积极融入与博物馆集群和相关外部机构的合作研究、联合策展中,在与外界共同开展语境化阐释的过程中,找到适应本馆发展基础、特色优势的重点领域和协同模式,基于此逐步形成稳定、长效、健康的外部协同制度。

重塑价值观和工作机制是个庞大工程。在当下看,上述讨论也许带着些"畅想"的成分,还需更多感兴趣的同仁们参与讨论和实践。不过,即便语境化思维没能如预期那样系统地渗透进博物馆的各个环节中,只要其部分理念和方法能运用于博物馆实际工作中,也依然能给博物馆的知识生产和体验塑造带来令人激动的改变。马克斯·韦伯(Max Weber)曾说过,"人类是悬挂在自己编织的意义之网上的动物",而博物馆的"语境化阐释"就是一种帮助人类不断解构与重构有关历史、记忆和认同的意义之网的过程。只要把握规律、运用得当,博物馆就可借助这一工具,去构建一个持续面向社会大众开放共享的文化场域,塑造一个不断有机生长的精神世界。

参考文献

英文部分

[1] Anderson M. James Perry Wilson:Shifting paradigms of Natural History Diorama Background Painting[M]//Natural History Dioramas. Dordrecht: Springer,2015.

[2] Appadurai A. The Social Life of Things:Commodities in Cultural Perspective[M]. Cambridge:Cambridge University Press,1988.

[3] Baglo C. Reconstruction as Trope of Cultural Display. Rethinking the Role of "Living Exhibitions"[J]. Nordisk Museologi,2015(2):49.

[4] Baker M. Bode and Museum Display:The Arrangement of the Kaiser-Friedrich-Museum and the South Kensington Response[J]. Jahrbuch der Berliner Museen,1996,38:143-153.

[5] Bauman R. Contextualization,Tradition,and the Dialogue of Genres: Icelandic Legends of the Kraftaskald[M]//Rethinking Context:Language as an Interactive Phenomenon. Cambridge:Cambridge University Press, 1992.

[6] Bauman R. The Field Study of Folklore in Context[M]//Handbook of American Folklore. Dorson R(ed.),Bloomington:Indiana University Press,1983.

[7] Ben-Amos D. Context in Context[J]. Western Folklore,1993,52(2/4): 209-226.

[8] Binford L R. Archaeology as Anthropology[J]. American Antiquity, 1962,28(2):217-225.

［9］Boas F. The Occurrence of Similar Inventions in Areas Widely Apart[J].
Science,1887(224):485.

［10］Brückner U R,Greci L. Eurovision-Museums Exhibiting Europe（EMEE）:
Translation of Perspectives. Scenography-a Sketchbook［M］. Wien:
edition mono,2016.

［11］Caple C,Reluctant Witness to the Past[M]. London:Routledge,2006.

［12］Cultural Heritage Agency. Assessing Museum Collections:Collection
valuation in six steps[EB/ OL][2021-10-18]. https://collectionstrust.
org. uk/wp-content/uploads/2017/08/Assessing-Museum-Collections-
Collection-valuation-in-six-steps. pdf.

［13］Cutcliffe S H,Lubar S. The Challenge of Industrial History Museums
[J]. The Public Historian,2000,22(3):11-24.

［14］De la Rocha Mille R. Museums Without Walls:The Museology of
Georges Henri Rivière[D]. PhD diss. ,City University London,2011.

［15］DeGroff D A. Artur Hazelius and the Ethnographic Display of the
Scandinavian Peasantry:A Study in Context and Appropriation[J].
European Review of History:Revue europeenne d'histoire 2012,19(2):
229-248.

［16］Dilley R. The Problem of Context[M]. New York:Berghahn Books,
1999.

［17］Duranti A,Goodwin C. Rethinking Context:Language as an Interactive
Phenomenon[M]. Cambridge:Cambridge University Press,1992.

［18］Edwards E. Photography, Anthropology and History:Expanding the
Frame[M]. London:Routledge,2016.

［19］EMEE. Toolkit Manuals and Exemplary Cop-Units[EB/OL][2019-09-
24]. https://www. museums-exhibiting-europe. de/toolkits-cop-units.

［20］Falk J H. Free-choice Environmental Learning:Framing the Discussion
[J]. Environmental Education Research,2005,11(3):265-280.

［21］Findlen P. The Museum:Its Classical Etymology and Renaissance Genalogy
[J]. Journal of the History of Collections,1989,1(1):59-78.

[22] Frege G. The Foundations of Arithmetic[M]. Trans. J. L. Austin. Second Revised Edition. Evanston, Illinois: Northwestern University Press,1980:71.

[23] Goodwin C, Duranti A. Rethinking Context: An introduction[M]// Rethinking Context: Language as an Interactive Phenomenon. Cambridge: Cambridge University Press,1992.

[24] Gradén L. Performing Nordic Heritage: Everyday Practices and Institutional Culture[M]. London: Routledge,2016:118.

[25] Gumperz J J. Contextualization and Understanding[M]//Rethinking Context: Language as an Interactive Phenomenon. Cambridge: Cambridge University Press,1992.

[26] Gurian E H. What Is the Object of This Exercise? A Meandering Exploration of the Many Meanings of Objects in Museums[J]. Daedalus, 1999,128(3):163-183.

[27] Hächler B. Museums as Spaces of the Present: The Case for Social Scenography[M]//Macdonald S, Leahy H R (eds.), The International Handbooks of Museum Studies. New York: John Wiley & Sons, Ltd,2013.

[28] Haraway D. Primate Visions: Gender, Race, and Nature in the World of Modern Science[M]. London: Routledge,2013.

[29] Harris N. Period Rooms and the American Art Museum[J]. Winterthur Portfolio,2012,46(2/3):117-138.

[30] Hayha H, Jantunen S, Paaskoski L. Analyzing Significance[EB/OL] [2021-09-10]. https://www. museoliitto. fi/doc/verkkojulkaisut/Analysing Significance. pdf.

[31] Herman B L. The Stolen House[M]. Charlottesville: University Press of Virginia,1992.

[32] Hinsley C M, Holm B. A Cannibal in the National Museum: The Early Career of Franz Boas in America[J]. American Anthropologist,1976,78 (2):306-316.

[33] Hooper-Greenhill E. Museums and the Shaping of Knowledge[M]. London:Routledge,2001.

[34] Hurt R D. Agricultural Museums: A New Frontier for the Social Sciences[J]. The History Teacher,1978,11(3):367-375.

[35] Hymes D. Models of Interaction of Language and Social Setting[J]. Journal of Social Issues,2010,23(2):8-28.

[36] Jackins I. Franz Boas and Exhibits[M]//Objects and Others:Essays on Museums and Material Culture. Stocking G W, Jr. (ed.), Madison: University of Wisconsin Press,1985.

[37] Janousek I. The "Context Museum":Integrating Science and Culture [J]. Museum International,2000,52(4):21-24.

[38] Jasper A. No drums or spears[J]. Res Anthropology & Aesthetics, 2017(67-68):299-315.

[39] Jones M. From Catalogues to Contextual Networks:Reconfiguring Collection Documentation in Museums[J]. Archives and Records,2018, 39(1):4-20.

[40] Karp I,Kratz C A. Collecting,Exhibiting,and Interpreting:Museums as Mediators and Midwives of Meaning[J]. Museum Anthropology,2014, 37(1):51-65.

[41] Karp I,Kratz C A. Collecting,Exhibiting,and Interpreting:Museums as Mediators and Midwives of Meaning[J]. Museum Anthropology,2014, 37(1):51-65.

[42] Kavanagh G. Mangles,Muck and Myths:Rural History Museums in Britain[J]. Rural History,1991,2(2):187-203.

[43] Kirshenblatt-Gimblett B. Objects of Ethnography. In Exhibiting Cultures:the Poetics and Politics of Museum Display[M]. Karp I, Lavine S, eds. Washington:Smithsonian Institution Press. 1991.

[44] Kuwakinok K. The Great Theatre of Creative Thought:The Inscriptiones vel tituli theatri amplissimi...(1565) by Samuel von Quiccheberg[J]. Journal of the History of Collections,2013,25(3):303-324.

［45］ Larson F,Alison P,Zeitlyn D. Social Networks and the Creation of the Pitt Rivers Museum［J］. Journal of material culture, 2007, 12（3）：211-239.

［46］ Lubar S,Kendrick K. Looking at Artifacts,Thinking about History ［EB/OL］［2019-09-24］. http://www. smithsonianeducation. org/idealabs/ap/essays/looking7. htm.

［47］ Magdalena H. Contested Boundaries：Nation,People and Cultural History Museums in Sweden and Norway 1862—1909［J］. Culture Unbound. Journal of Current Cultural Research,2010(2)：583-607.

［48］ Malinowski B. Coral Gardens and Their Magic［M］. Vol. 2. London：Routledge,1935.

［49］ Malinowski B. The problems of Meanings in Primitive Language［M］// The Meaning of Meaning. Ogden C K,Richards A (eds.),New York：Harcourt,Brace and World,1923：306.

［50］ Maroevic I. Introduction to Museology：The European Approach［M］. Munich：Verlag Dr. Christian Müller-Straten,1998.

［51］ Marshall H W. Folklife and the Rise of American Folk Museums［J］. The Journal of American Folklore,1977,90(358)：391-413.

［52］ Mason R. Cultural Theory and Museum Studies. A Companion to Museum Studies［M］. Oxford：Blackwell Publishing,2006.

［53］ Mathisen S O. Still Standing. On the Use of Dioramas and Mannequins in Sámi Exhibitions［J］. Nordisk Museologi,2017(1)：58-72.

［54］ Maure M. The Exhibition as Theatre-on the Staging of Museum Objects［J］. Nordisk Museologi,1995(2)：155.

［55］ McShine K. The Museum as Muse：Artists Reflect［M］. New York：The Museum of Modern Art,1999.

［56］ Miller D. Material Culture and Mass Consumption［M］. Oxford：Blackwell,1987.

［57］ Mulkey L M, Dougan W. The Smithsonian Institution Exhibition of "Science in American Life"：Science as It Consists of Normalized

Practices[J]. The American Sociologist,1996,27(2):61-78.

[58] Myzelev A. Exhibiting Craft and Design: Transgressing the White Cube Paradigm,1930-Present[M]. Oxford: Taylor & Francis,2017.

[59] Naguib S. The Aesthetics of Otherness in Museums of Cultural History [J]. Tidsskrift for kulturforskning,2004,3(4):5-21.

[60] Pearce S. Museums, Objects and Collections: A Cultural Study[M]. Leicester: Leicester University Press,1992.

[61] Pearce S. Thinking about Things[M]//Interpreting Objects and Collections. London: Routledge. 1994.

[62] Pedretti E. T. Kuhn Meets T. Rex: Critical Conversations and New Directions in Science Centres and Science Museums [J]. Studies in Science Education,2002,37(1):12-13.

[63] Prentice R. Managing Implosion: The Facilitation of Insight Through the Provision of Context[J]. Museum Management and Curatorship, 1996,15(2):169-185.

[64] Proctor N. Crowdsourcing: An Introduction: From Public Goods to Public Good[J]. Curator: The Museum Journal,2013,56(1):105-106.

[65] Rader K A,Cain V. From Natural History to Science: Display and the Transformation of American Museums of Science and Nature [J]. Museum and Society,2008,6(2):152-171.

[66] Richman I. Charles Willson Peale and the Philadelphia Museum[J]. Pennsylvania History: A Journal of Mid-Atlantic Studies,1962(3):261.

[67] Rolland-Villemot B. Ecological Units, "Period Rooms" and Ensembles of Movable Objects, From Collection to the Museum Interpretation [EB/OL]. https://journals. openedition. org/insitu/13373 # tocto1n4, 2019-09-24.

[68] Russell R,Winkworth K. Significance 2. 0: A Guide to Assessing the Significance of Collections. Collections Council of Australia. [EB/OL] [2019-08-18] https://www. arts. gov. au/sites/g/files/net1761/f/ significance-2. 0. pdf.

[69] Savenije G M,De Bruijn P. Historical Empathy in a Museum:Uniting Contextualisation and Emotional Engagement[J]. International Journal of Heritage Studies,2017:1-14.

[70] Scharfstein B. The Dilemma of Context[M]. New York:New York University Press,1989.

[71] Schiffer M B. Archaeological Context and Systematic Context[J]. American Antiquity,1972,37(2):156-165.

[72] Shelton A. Museums and Anthropologies:Practices and Narratives [M]//A Companion to Museum Studies. New Jersey:John Wiley & Sons,Ltd,2006:64-80.

[73] Silverstone R. The Medium is the Museum:On Objects and Logics in Times and Spaces[M]. Museums and the Public Understanding of Science. Durant J. (ed.),London:NMSI Trading Ltd,1992.

[74] Simmons J E. Museums:A History[M]. Maryland:Rowman & Littlefield, 2016.

[75] Skinner Q. Meaning and Understanding in the History of Ideas[J]. History and theory,1969,8(1):3-53.

[76] Smith C S. Museums,Artefacts,and Meanings[M]//The New Museology. Peter Vergo (ed.),London:Reaktion Books,1989.

[77] Spock D. Museum Exhibition Tradecraft:Not an Art,but an Art to It [M]//The International Handbooks of Museum Studies. New Jersey:John Wiley & Sons,Ltd,2015:386-390.

[78] Stransky Z Z. Museology as a Science (a thesis)[J]. Museologia,1980 (15):33-40.

[79] Thiemeyer T. Work,Specimen,Witness:How Different Perspectives on Museum Objects Alter the Way They Are Perceived and the Values Attributed to Them[J]. Museum and Society,2015,13(3):396-412.

[80] Tilden F. Interpreting Our Heritage[M]. The University of North Carolina Press,1977.

[81] Tunnicliffe S D,Scheersoi A. Natural History Dioramas:History,

Construction and Educational Role[M]. Heideberg：Springer，2014.

[82] Wood E，Latham K F. The Objects of Experience[M]. Walnut Creek：
Left Coast Press. 2014.

译著部分

[1] ［德］阿莱达·阿斯曼. 回忆空间：文化记忆的形式和变迁[M]. 潘璐，译.
北京：北京大学出版社，2016.

[2] ［荷］阿姆斯特丹艺术大学瑞华德学院. 批判性探索中的文化遗产与博物
馆：来自瑞华德学院的声音[M]. 浙江大学文化遗产与博物馆学研究所，
译. 杭州：浙江大学出版社，2020.

[3] ［法］安德烈·德瓦雷，方斯瓦·梅黑斯. 博物馆学关键概念[M]. 张婉真，
译. ICOM，2010.

[4] ［美］爱德华·P. 亚历山大，玛丽·亚历山大. 博物馆变迁：博物馆历史与
功能读本[M]. 陈双双，译. 南京：译林出版社，2014.

[5] ［英］贝拉·迪克斯. 被展示的文化：当代"可参观性"的生产[M]. 冯悦，
译. 北京：北京大学出版社，2007.

[6] ［美］大卫·卡里尔. 博物馆怀疑论：公共美术馆中的艺术展览史[M]. 丁
宁，译. 南京：江苏美术出版社，2009.

[7] ［德］弗德力希·瓦达荷西. 博物馆学（理论）：德语系世界的观点[M]. 曾
于珍等，译. 台北：五观艺术管理有限公司，2005.

[8] ［美］海登·怀特. 元史学：十九世纪欧洲的历史想象[M]. 陈新，译. 南京：
译林出版社，2009.

[9] ［德］汉斯-格奥尔格·伽达默尔. 哲学解释学[M]. 夏镇平，宋建平，译. 上
海：上海译文出版社，2004.

[10] ［日］吉田宪司. 博物馆与搜集的历史[C]//黄贞燕，主编. 民俗/民族文化
的搜集与博物馆[M]. 台北：台北艺术大学，2011：9.

[11] ［英］科林·伦福儒，保罗·巴恩. 考古学：理论、方法与实践（第六版）
[M]. 中国社会科学院考古研究所，译. 上海：上海古籍出版社，2015.

[12] ［英］迈克·罗兰. 器物之用——物质性的人类学探究[J]. 汤芸，张力生，

译.民族学刊,2015(5):9.

[13] [比]耶夫·维索尔伦.语用学诠释[M].钱冠连,霍永寿,译.北京:清华大学出版社,2003.

[14] [英]伊恩·霍德.阅读过去:当代考古学阐释的方法[M].徐坚,译.长沙:岳麓书社,2005.

[15] [美]约翰·福尔克,琳恩·德尔金.博物馆经验[M].罗欣怡等,译.台北:五观艺术管理有限公司,2002.

[16] [美]约书亚·梅洛维茨.消失的地域:电子媒介对社会行为的影响[M].肖志军,译.北京:清华大学出版社,2002.

中文部分

[1] 安琪.表述异文化:人类学博物馆的民族志类型研究[J].思想战线,2011,37(2):21-26.

[2] 陈红京.陈列语言的符号学解析[A]//复旦大学文物与博物馆学系.文化遗产研究集刊1.上海:上海古籍出版社,2000:79-80.

[3] 邓京力.语境与历史之间——作为解释模式与方法论前提的历史语境理论[J].天津社会科学,2013(2):126-134.

[4] 黄洋.中国考古遗址博物馆的信息诠释与展示研究[D].上海:复旦大学,2014.

[5] 江怡.语境与意义[J].科学技术哲学研究,2011,28(2):8-14.

[6] 金容淑,武传海,曹婷.设计中的色彩心理学[M].北京:人民邮电出版社,2011.

[7] 孔新峰."语境"中的"语境主义":昆廷·斯金纳政治思想史研究发微[J].政治思想史,2010(1):37-38.

[8] 廖静如.宗教文物搜藏:神圣与博物馆化[J].博物馆学季刊,2006,20(2),67-79.

[9] 林崇熙.博物馆文物演出的时间辩证:一个文化再生产的考察[J].博物馆学季刊,2005,19(3),7-23.

[10] 刘晓春.从"民俗"到"语境中的民俗"——中国民俗学研究的范式转换

[J].民俗研究,2009(2):5-35.

[11] 马庆凯,程乐.从"以物为本"到"以人为本"的回归:国际遗产学界新趋势[J].东南文化,2019,268(2):18-24.

[12] 毛若寒.为观众阐释的藏品研究——澳大利亚藏品意义阐释的实践探索与经验借鉴[J].东南文化,2019(3):97-103.

[13] 毛若寒.文化地理学视域下对地方民俗展览构建的探索[J].中国博物馆,2018(1):51-57.

[14] 苏东海.国际博物馆理论研究的分化与整合——博物馆研究的两条思想路线札记[J].东南文化,2009(6):9-14.

[15] 苏东海.国际生态博物馆运动述略及中国的实践[J].中国博物馆,2001(2):2-7.

[16] 孙晓霞.从混沌到有序[D].北京:中国艺术研究院,2009.

[17] 涂蓉蓉.当代艺术的展览空间与艺术作品间的联系[J].装饰,2019(11):112-115.

[18] 王建华.关于语境的构成与分类[J].语言文字应用,2002(3):6-8.

[19] 王蕾.博物馆"情景化":理念、影像与未来[J].中国博物馆,2021(3):39-43.

[20] 吴昊.20 世纪西方文论中的语境思维变革[J].湖北社会科学,2017(10):114.

[21] 吴琼.博物馆中的词与物[J].文艺研究,2013(10):99-111.

[22] 吴素梅,卢宁.沉浸体验的研究综述与展望[J].心理学进展,2018,8(10):10.

[23] 徐坚.时惟礼崇:东周之前青铜兵器的物质文化研究[M].上海:上海古籍出版社,2014.

[24] 徐杰.文学语境研究[D].杭州:浙江大学,2012.

[25] 徐亮.物的文化性与物质文化的归路[J].文艺理论研究,2016,36(3):136-141.

[26] 许捷.故事的力量——博物馆叙事展览的结构与建构[M].杭州:浙江大学出版社,2021.

[27] 严建强,邵晨卉.论收藏视域拓展对博物馆文化及展览的影响[J].博物

院,2017(1):61-68.

[28] 严建强.论博物馆的传播与学习[J].东南文化,2009(6):100-105.

[29] 严建强.在博物馆里学习:博物馆观众认知特征及传播策略初探[J].东南文化,2017(4):93-101.

[30] 尹凯.珍宝、标本与艺术:西方民族志藏品的内涵演变与发展逻辑[J].中国博物馆,2014(3):17-23.

[31] 尹凯.重置与转向:当代博物馆理念的梳理与思考[J].东南文化,2018(4):82-89.

[32] 俞繁莉.场景式展示手法研究[D].上海:复旦大学,2013.

[33] 张贯之.浅析语境化暗示配置方式对图像意义的影响[J].上海理工大学学报(社会科学版),2013,35(2):131-134.

[34] 张俊娥,王亚林.博物馆元数据标准构建研究:以盖蒂研究所元数据标准为例[J].大学图书馆学报,2018,36(6):56-64.

[35] 郑茜.意义还原与价值传播——博物馆藏品实现沟通的两个向度[J].中国博物馆,2014(3):24-28.

[36] 郑茜.作为方法论的民族文物——民族文物价值认知的方法论意义初探[J].博物院,2019(4):59-66.

[37] 中华人民共和国国家文物局.馆藏文物登录规范[M].北京:文物出版社,2009.

[38] 周婧景,严建强.阐释系统:一种强化博物馆展览传播效应的新探索[J].东南文化,2016(2):119-128.

[39] 周丽晓.基于科技藏品开展情境式传播[J].自然科学博物馆研究,2019,4(3):13-20.

[40] 朱煜宇.博物馆陈列语言之情境构建研究[D].上海:复旦大学,2014.

后 记

　　2022 年 10 月 12 日,在又一次自校书稿完成后,我终于将光标移至最后一页,在"后记"中敲下第一行字。回首这部个人专著的"处女作",太多的回忆和思绪涌上心头。

　　这本书是基于 2019 年完成的博士学位论文《博物馆物的语境化阐释研究》改写的。这一选题自 2016 年就开始酝酿。那时正值直博第二年,在跟随严建强教授参与历史类、自然类、民俗类等多种题材的展览项目实践过程中,我深深体会到"策展"是一个富有无限"可写性"的创意活动,"可写性"通过对藏品的主题框架设定与展品组合解读而体现出来,激发这种"可写性"有利于拉近博物馆与公众生活的距离,拓展博物馆的公共传播效益。在大量的文献阅读后,我逐渐坚定了将"语境"(context)作为分析、激发与拓展博物馆展览"可写性"的切入点。2018 年 9 月,我在国家留学基金的支持下前往荷兰鹿特丹,开始了为期一年的联合培养博士生涯。在访学期间,我前往荷兰的鹿特丹、阿姆斯特丹、海牙、乌得勒支,法国的巴黎以及德国的柏林等城市,参访了 50 多个博物馆的 100 多个展览,深入幕后访谈了 20 多位策展人和设计师,并在可能是世界上博物馆学书籍最全的阿姆斯特丹大学瑞华德学院(Reinwardt Academy)的图书馆中泡了几个星期,研读整理了几十部博物馆学著作。这一年的宝贵经历为博士论文提供了基石。有关物的语境的特征、定义,语境化阐释的类型、程序等内容,基本都是在荷兰访学期间写就的。在回国前,我成功地将一个粗略的论文大纲变成了沉甸甸的学位论文。

　　博士毕业后,我留在浙江大学从事博士后研究工作,并尝试将学位论文改为个人著作。这一过程并不轻松。学位论文的读者是考古文博领域的学术专家,十分强调写作专业性和规范性。而出版物的读者范围更广,包括许多初入文博行业的年轻人,以及对博物馆感兴趣的社会人士等。这就要求著作撰写要更加具有读者意识。此外,由于面向公共市场,在内容探讨的包容性和开放性上也应有所提升,需要突破学科的限制,将局限于一时一地一学科的发现尽量提升到机制、理论的层面,努力去影响相关学科的研究者,这就要求著作撰写要更加具有影响力意识。在这些观念的指引下,在框架结构方面,我重新调整了所有的一级和二级标题,将标题谋划得更具设计感、更有吸引力;在理论架构方面,系统吸纳了人类学、社会学、传播学、考古学等多个学科的理论观点;在内容阐述方面,将此书置于"促进博物馆高质量发展"的行业发展视野下,添加了许多国内实操案例,并为语境化阐释方法在不同类型博物馆中的应用提供了针对性建议;在行文风格方面,以广大文博学生以及广大一线文博工作者为读者对象,减少了很多论文式、课题式的语言痕迹。

必须承认,本书仍存有许多不足之处。在理论架构上,总体上仍然局限在博物馆的小领域内,未能实现扩大影响力的目标;在研究方法上,研究数据比较集中于语境的建构方,对于语境的接收方——观众,没有开展实证性研究,比较不同观众对不同展览语境的反馈,缺乏对语境化阐释效果的分析;在实践建议上,不少观点的理想主义成分较高,与现实情况存在一定脱节,在落地性上还有较大提升空间。希望将来更深入地参与博物馆一线工作,结合不同类型、不同题材、不同基础的博物馆展览实践,将语境化阐释的方法与策略在博物馆工作中持续运用、跟踪、检验与完善。

在此想感谢在博士学位论文和本书写作过程中给予我帮助的人们:严建强老师、傅翼老师、许捷老师、Hester Dibbits 教授、Maria Grever 教授、Riemer Knoop 教授,感谢你们的悉心指导与热心帮助! 同时,也要感谢刘曙光理事长、方志伟老师,谢谢你们为我提供了前往中国博协挂职锻炼的机会。协助刘理事长工作的这段时光,使我更深刻地理解中国国情下的博物馆事业发展规律。如果没有这段宝贵经历,这本书的本土性和实操性无疑会逊色不少。此外也要感谢赵桂玲同学、汪彬同学等对拙作的细心校对,感谢陈佩钰老师为此书出版的积极努力。

我也想感谢我的父母、岳父岳母与妻子。你们的辛苦付出,消除了我写作的后顾之忧。有趣的是,在博士论文落笔时,我还是一个毛头小子。现在,我已经是爸爸了。某种意义上说,这本书也见证了我人生身份的重大转变。

是为后记。

毛若寒

2022 年 10 月 12 日

写于浙江杭州

图书在版编目（CIP）数据

编织意义之网：博物馆物的语境化阐释 / 毛若寒著
. —杭州：浙江大学出版社，2023.1
　ISBN 978-7-308-23039-1

　Ⅰ.①编… Ⅱ.①毛… Ⅲ.①博物馆—藏品保管（博
物馆）—研究 Ⅳ.①G264.2

　中国版本图书馆 CIP 数据核字（2022）第 171895 号

编织意义之网：博物馆物的语境化阐释
毛若寒　著

责任编辑	陈佩钰（yukin_chen@zju.edu.cn）	
责任校对	许艺涛	
封面设计	雷建军	
出版发行	浙江大学出版社	
	（杭州市天目山路 148 号　邮政编码 310007）	
	（网址：http://www.zjupress.com）	
排　　版	杭州青翊图文设计有限公司	
印　　刷	杭州高腾印务有限公司	
开　　本	710mm×1000mm　1/16	
印　　张	13	
字　　数	220 千	
版 印 次	2023 年 1 月第 1 版　2023 年 1 月第 1 次印刷	
书　　号	ISBN 978-7-308-23039-1	
定　　价	68.00 元	